Jezreel
Mi Pueblo Santo

Escrito por
Ydidyh Ben Yisrael

Jezreel/Ben Yisrael

Copyright 2005 One Faith Publications All Rights Reserved.
Derechos de Autor 2005 One Faith Publications Todos Los Derechos Reservados.
Para hacer uso de cualesquier parte de este libro, ya sea en forma electrónica o en cualesquier otra forma, será necesario obtener permiso por escrito departe de Publicaciones Una Fe. Se permite citar porciones breves en conexión con artículos y comentarios sobre la materia de este libro.

ISBN 1-4243-1753-3

Publicado y Distribuido por:
Publicaciones Una Fe
2209 Forest Park Avenue
San Angelo, Texas 76901
www.onefaithpublications.org

Toda referencia de la Escritura usada en esta obra proviene de la Versión Reina-Valera 1909 o es traducción directa del texto hebreo y del griego.

Jezreel/Ben Yisrael

Dedicación

Dedico esta obra al pueblo antiguo que está por despertar. Cuyo nombre indica favor, bendición, y real parentela. El Altísimo te amó y su amor es irrevocable. Por lo tanto, entenderán tus entendidos el verdadero significado de lo dicho por el Espíritu de Verdad en boca del Apóstol:

"Más vosotros sois linaje escogido, real sacerdocio, gente santa, pueblo adquirido por YHWH para que anunciéis las virtudes de Aquel que os llamó de las tinieblas a su luz admirable."

(1 Pedro 2:9)

Jezreel/Ben Yisrael

Tabla de Materias

Introducción..página 1

Capítulos

Uno:	Más Allá de lo Tradicional	página 15
Dos:	En el Principio	página 34
Tres:	Un Linaje Nuevo	página 42
Cuatro:	La Simiente Esparcida	página 49
Cinco:	Sembrados En Esperanza	página 55
Seis:	Los Judíos	página 62
Siete:	La Buena Oliva	página 77
Ocho:	La Apostasía y El Misterio de La Iniquidad	página 95
Nueve:	Salid de Ella Pueblo Mío	página 117
Diez:	Resuene el Shofar en Sión	página 128

Introducción

El Mundo y La Identidad de Israel

La identidad de Israel es un enigma para la mayor parte de la humanidad. Aún para muchos de los que han leído, estudiado, y buscado extensamente; la verdadera identidad de Israel sigue siendo algo que ven con vista borrosa. Para unos el nombre Israel representa los odiosos Judíos a quienes estos aborrecen y quisieran desaparecer de la faz de la tierra. Estos le atribuyen al Judío que es avaro, litigioso, rudo, y cuanta otra cosa. Por lo tanto, lo desprecian y atacan a la primera oportunidad que se presenta. Para ellos, si algo va mal en el país, seguramente ha de ser el Judío quien es culpable.

Aunque ni ellos sepan por que causa le aborrecen tanto, crujen contra él los dientes y buscan de alguna manera hacerle mal si es posible. Para otros, Israel es el país donde no se encuentra la solución a una paz duradera. Es el área del mundo que siempre está en conflicto. Aún los más sabios de los sabios no han podido encontrarle una configuración aceptable al problema este llamado Israel. Para otros más, es el pueblo que sufrió mil ochocientos setenta y siete años de andar vagando y sufriendo persecución por las naciones del mundo sin poder regresar a su tierra y ser una nación.

Antes de ir hacia delante, quiero aclarar que esto no se trata de la llamada "teología de reemplazo."

Es necesario aclarar esto a causa de aquellos quienes continúan creyendo que YHWH abandonó su pueblo antiguo y lo reemplazó con la institución conocida como la "Iglesia." Esa fábula fue invento de quienes no escudriñaron las escrituras con un corazón limpio. Tampoco se trata de los hijos espirituales y los hijos según la carne. ¡No hay tal cosa! Para todo el que quiera ser sincero consigo mismo, será necesario admitir que todo el que está en Yahshua HaMashiach es ciudadano de Israel, heredero de las promesas, y doméstico de la fe única del Dios de Abraham, Isaac, y Jacob.

Por lo mismo, él que no está en Mesías, no es ciudadano del Israel de Dios, como le llama la Escritura, sin importar cual sea el linaje de este según la carne. Para todo estudiante de la Escritura, que seria y sinceramente escudriña esta misma, es una indisputable verdad que solo en el Señor Yahshua hay perdón de pecados, vida eterna, y ciudadanía en el Israel de YHWH.

Es aquí donde se hace patente el misterio de Israel. Las piezas del rompecabezas están dentro de este libro llamado la Biblia. Pero al parecer, son pocos los que han logrado encontrarle la verdadera configuración o forma que debe llevar. Es más, la configuración que se le ha dado departe de grandísimas denominaciones, y aún los mismos descendientes de Abraham según la carne, es una que no se conforma a la que El Eterno autorizó.

Y aunque corra el riesgo de ser considerado negativo por declarar esto, debo decir que solo hay que percibir la condición en que se encuentra el pueblo creyente para poder discernir que estamos desmembrados con relación al cuerpo entero del Mesías.

Debemos regresar de nuevo a las encrucijadas del camino y oír la voz del Infinito llamándonos a que preguntemos por la senda antigua. El problema es que cada cual creé tener la verdad y nadie quiere doblegar su orgullo al reconocimiento de los errores doctrinales que contribuyen a la división entre el pueblo.

Por otro lado, sería muy duro para muchos aceptar el hecho de que lo que ahora está establecido no es lo que el Señor Yahshua estableció. Nos sucede lo del dicho que dice: "Son muchos los jefes y muy pocos los indios." Para el indocto o el no regenerado, y aún para los inconstantes en el escudriñamiento de las Escrituras, todo esto es "cuento de nunca acabar"; ya que ni saben donde empieza el hilo de todo esto, ni en donde acabará. Es más, en el pensamiento de muchos de estos, el problema que existe ahora en la tierra prometida es culpa de los Judíos quienes "ocupan" las tierras empezaron a perseguirlos. Los echaron fuera de Roma y los persiguieron a través del tiempo y el espacio en todas las tierras donde tuvieron dominio sobre los Judíos. De entre esta religión dominante, a mediados del siglo XVI, salieron quienes protestaron las desavenencias entre lo establecido y lo que estaba en la Biblia. A esto se le llamó más tarde La Gran Reformación.

Siendo que no desecharon todas las ideas o costumbres y tradiciones de la religión de donde salieron, la idea de que a la "iglesia" le fue dado el lugar que Israel antes tenía siguió guarnecida en las nuevas denominaciones que surgieron de entre ese movimiento. En aquel entonces; hubo quienes escudriñaran las Escrituras y denunciaran las creencias falsas, pero no los suficientes para que la verdad prevaleciera en la mayoría.

Por su parte, la religión dominante persiguió a todos los que consideró "herejes" de igual manera y se desataron grandes y largas guerras entre los reinos donde influían las ideas de ambas persuasiones. Fue así como se estableció la idea de que Israel había perdido su lugar para siempre y que la "iglesia" era ahora la favorecida en su lugar. Al llegar el cumplimiento del tiempo en mil novecientos cuarenta y ocho, renació Israel en su propia tierra conforme a la profecía en el Libro Santo. (JER 23:8) Al suceder esto, le fue necesario a las denominaciones examinar su postura sobre la identidad de Israel y surgió otro concepto concerniente a quien era la "iglesia" y quien era Israel.

De ahí en adelante, a la "iglesia" se le apodó el Israel espiritual y a Israel se le reconoció como el Israel según la carne. El hecho es que los hijos de la "iglesia" serían ahora los hijos espirituales y los Judíos serían los hijos según la carne o naturales. Hasta este día, la mayor parte de las "iglesias" siguen creyendo así. El problema es que las "iglesias" siguen creyendo y practicando lo que la religión dominante les enseñó y no lo que es la verdad. En su configuración, liturgia, fiestas, nombres, y doctrinas, siguen siendo imágenes de la religión dominante.

Muchos de estos son los que creen ser superiores en su espiritualidad a lo que ellos llaman el Israel natural, y que la Biblia se refiere solo al Judío cuando habla de ceguedad. Luego siguen los que creen ser inferiores a los que ellos llaman el Israel natural por no ser ellos mismos descendientes de Abraham según la carne. Según estos, sé consideran Gentiles adoptivos y vienen a ser ciudadanos de segunda clase para quienes el Judío Mesiánico representa alguien que es de mayor o mejor clase por ser descendiente natural y también creyente en el Mesías. En este caso, son los Judíos Mesiánicos quienes al fomentar tal concepto; hacen daño a la viña del Señor, a veces sin saberlo. En los siguientes capítulos examinaremos más de cerca lo que la Biblia dice acerca de todo esto.

Como si fuera poco, también el Judío Ortodoxo hace cierto reclamo, al parecer, con todo derecho. Este, por cierto que con algunas excepciones, no reconoce a nadie como Israel a menos que la persona en cuestión sea Ortodoxa o se convierta al Judaísmo. En su concepto, todo Israel es Judío y el Judío es todo Israel. Para ser Ortodoxo, es necesario negar la fe en

Yahshua HaMashiach. En hacer referencia al Señor Yahshua, la mayor parte de estos le llaman "aquel hombre."

Para Judaizar, es necesario el varón someterse a la circuncisión y a ser indoctrinado por un Rabí. La mayor parte de los Judíos Ortodoxos llevan consigo el recuerdo y resentimiento de las atrocidades cometidas contra ellos por la religión dominante durante las edades del oscurantismo. Para ellos, un Cristiano es un Cristiano y todos son los mismos. Ellos no distinguen entre unos y otros. Muchos de ellos niegan a cualesquiera que, siendo Judío Ortodoxo, llega a creer en el Mesías.

Su concepto es que la persona deja de ser Judío el momento que se "convierte." El Internet contiene varios sitios dedicados a solo alertar a otros Judíos a no recibir comunicación ni brindar compañerismo a quienes se nombran Judíos Mesiánicos y mucho menos a misioneros Cristianos. Estos llaman a cualesquier Judío que cree en el Señor Yahshua un Judío impostor.

Los Judíos Ortodoxos se dividen en varios grupos, pero dos de los mayores son los Asquenazí y los Sefardíes.

Los Asquenazí son el grupo predominante en el país de Israel, y también son la razón que la nación de Israel no extiende ciudadanía a quienes no califican conforme al criterio de ellos.

Los Sefardíes son descendientes de los Judíos quienes se dividieron en España por el edicto de La reina Isabel conocido como el Edicto de Alambra en 1492. Muchos de los Sefardíes vinieron a ubicarse tanto en el norte como en el sur de América. Algunos Judíos Mesiánicos para poder emigrar a Israel, un país de Judíos, han tenido que ocultar su fe para poder lograr ciudadanía.

Otros han tenido la buena fortuna de que no se les pregunte al momento de ser calificados. Aún otros más han creído en el Mesías ya estando en el país. El hecho es que existen tantas divisiones entre los Judíos mismos, que ni estos tienen un método adecuado de cómo determinar quien es y quien no es Judío; mucho menos quien es Israel. Dos cosas han influido para formar la mentalidad de los Judíos del presente.

1. Las tradiciones desarrolladas entre los Judíos a través del tiempo transcurrido desde que Israel dejó de ser un reino intacto después de la muerte del rey Salomón.
2. Los acontecimientos y las circunstancias que sufrieron durante ese periodo en que vivieron entre las naciones como extraños y fuereños.

Aunque vivieron y prosperaron entre las diversas naciones a donde el Señor los exilió; nunca fueron aceptos por estas mismas porque al prosperar siempre representaban un amenazo para los no-Judíos. Volvió ves tras ves a repetirse lo mismo que aconteció en Egipto antes de ser el pueblo liberado de ahí. Lo mismo sucedió en cada país donde los Judíos ocuparon tiempo y espacio. La envidia de los Gentiles entre los cuales estos vivieron sirvió para no dejarlos asimilarse como para quedarse definitivamente.

Se ha cumplido en <u>todo Israel</u> lo dicho por el rey David bajo la unción del Espíritu Santo: (ROM 11:9,10)

> "Y David dice: Séales vuelta su mesa en lazo, y en red y en tropezadero, y en paga: Sus ojos sean obscurecidos para que no vean, Y agóbiales siempre el espinazo."

Como hemos visto, el nombre Israel contiene diferente significado para diferentes personas. Son diversas las opiniones que existen acerca de la identidad de Israel.

Es por eso que se hace necesario este libro. Es hora de reconocer que hay un orden a todo esto; ya que la Biblia dice: "Dios es un Dios de paz y no de confusión." (1 Cor.14: 33) Es tiempo de regresarnos a trazar la historia de Israel y los hechos que constituyen la identidad de este pueblo. Sin un concepto veraz, seguirá desmembrado el pueblo y continuará el pleito entre los diversos grupos por el reconocimiento como el verdadero Israel. Por un lado, seguirán los que creen ser el

Israel substituido, los hijos espirituales, y Gentiles adoptivos enseñando a sus futuras generaciones algo que no es verdad.

Por el otro lado, seguirán los descendientes de Abraham según la carne desconociendo a todo el que no se asiente a sus tradiciones y se alinee a su forma de pensar. Seguirán las riñas y los menosprecios, el celo y la contienda de todos y por todos. ¿Que digo, que todos son contenciosos? ¡Desde luego que no! Pero seguirá la incertidumbre siendo la plaga de todos los que forman parte de la historia de Israel; amenos que hagamos el esfuerzo de encontrar la verdadera configuración que el Altísimo ha dado a su pueblo. Nos es preciso rebuscar la palabra del Eterno porque solo de esa manera hallaremos la verdadera identidad de Israel.

Capítulo Uno

Más allá de lo Tradicional

Sabiendo que las teorías abundan sobre la relación entre el Judío y el Gentil, y que dicha relación es un punto clave para llegar a un entendimiento sano del plan del Eterno para su pueblo, se presenta la necesidad de hacer una indagación sobre el tema que nos deje satisfechos de que lo que creemos y afirmamos es correcto. Después de todo, lo que no es correcto es iniquidad. Este es el significado de la palabra, <u>iniquidad</u>.

Muchos reconocen la palabra en su significado como perversidad, maldad, pecado, etc. La palabra es todo esto y más.

La palabra *iniquidad* señala todo lo que no se ajusta a lo que es correcto, sano, puro, y verdadero. Significa algo adulterado, corrupto, ilícito, o torcido. Por esta misma razón nos dice la Escritura, "Todo lo que no es de fe es pecado." (Rom 14:23)

Quizás la conexión entre el significado de la palabra iniquidad y el versículo citado aparezca algo borrosa o por lo menos difícil de entender. Por lo tanto, pongamos el asunto a prueba. La Escritura nos dice que la verdadera fe es creer a Dios lo que Él dice. Por lo tanto, Abraham nos es presentado como ejemplo de un varón de fe porque, "Creyó a YHWH y le fue contado por justicia." (GEN 15:6)

El justificar es llevar cualesquier cosa, persona, o asunto a un alineamiento perfecto con lo correcto o verdadero. En otras palabras, YHWH declaró que la manera de creer de Abraham era correcta o verdadera por haber creído a YHWH en lo que le dijo. Abraham aceptó lo prometido por YHWH como verídico sin ver y sin saber cuando ni como había de recibir lo prometido. Creyó y confió basado enteramente en la integridad del Eterno y esto agradó al Señor. "Empero sin fe es imposible agradar a Dios." (HEB 11:6)

Se hace manifiesto que la verdadera fe que agrada al Señor es la fe establecida exclusivamente sobre lo dicho por Él y nada más. La creencia o fe basada sobre filosofías y doctrinas de hombres acerca de lo que ellos creen concerniente a Dios es una perversión de la verdadera fe. Esto es a lo que se refiere el apóstol Pablo al decir, "Más si alguno os anunciare <u>otro evangelio</u> del que os hemos anunciado, sea anatema." (GAL 1:7-9)

La fe establecida sobre cualesquier entendimiento que no sea el verdadero no es fe sino un empeño inútil ya que nada aprovecha en cuanto a la salvación y el verdadero crecimiento espiritual. La verdad es que sin fe es imposible agradar a Dios, y sin agradar a Dios no hay justificación, y sin justificación no hay salvación ya que, "Justificados pues por la fe, tenemos paz para con Dios..." (ROM 5:1)

Ahora pues, hay que determinar cual sea <u>la fe</u> que nos justifica. ¿Será la que nosotros generamos de entre nuestra propia sabiduría o concupiscencia? La Escritura nos dice así, "Porque por gracia sois salvos, <u>por medio la fe</u>, y <u>esta (hablando de la fe) no de vosotros</u>, pues <u>es un don de Dios</u>." (EFE 2:8) En otras palabras, la fe utilizada por la gracia para salvarnos no es producto de la sabiduría humana. Más bien es un don perfecto de nuestro Dios. Al decir perfecto, decimos que esta fe está completa sin faltarle nada y nosotros completos en ella. Es esta la fe por la cual hemos sido colocados en el Autor y Consumador de esta misma. (COL 2:10) Siendo este el caso, el contenido de nuestra creencia, o lo que creemos, es sumamente importante.

Pues si la creencia o fe que abrazamos es producto de nuestra propia hechura, o la doctrina denominativa de nuestro grupo religioso, corremos el peligro de menospreciar la verdad por inclinarnos a nuestra propia sabiduría o a los dictámenes del grupo con el cual nos identificamos. Al hacer esto, terminamos por reducir la importancia de la fe que profesamos al nivel de cualesquier otra fe de las muchas que hay por el mundo entero. Si esto hacemos, estamos propensos a caer en el error del pluralismo.

Este entendimiento erróneo dice, "Todas las religiones son caminos hacia Dios y no importa por cual camines." Pero la Palabra (Verbo) de nuestro Dios dice, "Yo soy el camino, la verdad, y la vida. Nadie viene al Padre si no es por mí." (JN 14:6)

El conocimiento de la fe verdadera es tan importante que el Señor declara, "Mi pueblo perece por falta de conocimiento." (OS 4:6) Por esto se nos advierte, "Ocupaos en vuestra salvación con temor y temblor." (FIL 2:12) Esto no es juego de carritos ni de iglesitas.

La fe es el contenido de todo lo que creemos en cuanto a Dios. Nuestra fe es construida por lo que creemos y es sobre lo que creemos que actuamos. Es de esta manera que nuestra fe produce nuestras obras y nuestras obras confirman nuestra fe y dan testimonio de ella. Las palabras <u>Fe,</u> <u>Creer,</u> y <u>Confianza</u> significan una misma cosa. Nuestra fe es nuestra creencia y determina nuestra confianza. Conforme a lo que creemos, depositamos nuestra confianza para obtener la seguridad.

Ahora, la palabra de Dios nos advierte que hay solamente "Una Fe." (EFE 4:5) También nos informa que el Señor es el Autor y Consumador (HEB 12:2) de esa fe "dada una vez." (JUD 1:3) Queda claro que nuestra tarea es trazar o estudiar la palabra de Dios para encontrar la estructura correcta de esta fe única contenida en la Escritura.

Shaul, (Pablo) el emisario o apóstol del Señor, nos presenta un perfecto ejemplo en sí mismo en cuanto a este concepto al decir, "Yo sé a quien he creído." (2TIM 1:12)

Por esto vive el mundo sin Cristo en completa inseguridad en cuanto a las cosas eternas y teme tanto a la muerte. Pues no tienen cosa alguna en lo cual basarse para tener seguridad. La razón es que no se han acercado a Dios para creerle y no han recibido dicha seguridad como parte del galardón que el Señor imparte a sus hijos.

Se hace hincapié esto para que no tomemos la actitud de que todo es cosa de interpretación. El Señor nos dice en su palabra que el Espíritu de Verdad ha venido a guiarnos a toda VERDAD. (JN 16:13)

¿Cómo es posible pues que todos tengamos diferente entendimiento si profesamos tener al Espíritu de Verdad, que es el Espíritu Santo, que es el Consolador, que es el Mesías mismo viviendo en nuestro corazón? En esto, hablo más específicamente a los discípulos quienes afirman que Dios es uno; no una trinidad.

Hay un solo Dios, una sola fe, y un solo pueblo de Dios. Hay un solo camino, una sola verdad, y una sola forma de llegar a la vida eterna. La misma Escritura lo dice pero muchos profesantes siguen en su terquedad de serle fiel a su denominación en su doctrina sin considerar que quizá estén confiando en el hombre y no en el Autor y Consumador de su salvación.

A Dios llama mentiroso todo aquel que rehúsa creer en la eficacia del Espíritu Santo que ha recibido si es que en verdad lo ha recibido. "Y si alguno no tiene el Espíritu del Mesías, el tal no es de Él." (ROM 8:9)

Vemos la división y la incertidumbre que existen dentro del mundo llamado creyente en sus diversas manifestaciones y ¿aún no creemos lo peligrosos que son los tiempos en los cuales vivemos? No nos alcanza el sonido de alarma del peligro que nos amenaza por estar divididos entre nosotros mismos.

Creemos que el Señor hablaba solo al enemigo y a sus reinos al decir, "Todo reino dividido es desolado y toda casa dividida no puede permanecer." (MT 12:25)

¿Qué en verdad no seremos capaces de entender que esta es la razón que no hemos podido llegar a ser el cuerpo triunfante sobre el cual "ni las puertas del infierno prevalecerán?" Somos testigos de los métodos inútiles que emplean aquellos quienes buscan unirse a costo del sacrificio de la verdad. Le llaman <u>Ecumenismo</u> y piensan que con aceptarse unos a otros sin someterse a la verdad encontrarán la paz y la unidad e ignorantemente citan la Escritura que dice, "Para que todos sean uno." (JN 17:11)

Pero, ¿Qué calidad de unidad podrán establecer aquellos quienes no entienden la importancia de lo absoluto ni la soberanía de Dios? Cuan casa fundada en la arena será la suya y a la llegada de la tormenta será llevada por la fuerza de esta. ¡Y sin duda... la tormenta viene! Nuestra fe es nuestra ancla en todo tiempo; es nuestro fundamento.

Uno de los impedimentos es la falsa seguridad que se ha engendrado en los creyentes por la doctrina de "El Rapto" y su promesa a los creyentes de un escape de la tribulación venidera por medio de una desaparición repentina y misteriosa. Según esta doctrina, el Señor vendrá como ladrón de noche y raptará la "iglesia."

Son ya un gran numero de libros los que se han escrito sobre este tema y sus autores siguen añadiendo a su numero continuamente. El problema es que estos libros son basados en la imaginación de sus autores y no en la verdad del Altísimo.

Se han filmado películas y muchos son los creyentes quienes se han tragado el anzuelo junto con la carnada por no trazar la palabra por sí mismos. De haberlo hecho, hubieran ya descubierto la insensatez de esta teoría maligna. Lo lamentable es que esta teoría es solo una de las que son usadas por el padre de la mentira para engañar a los creyentes. La verdad es que muchos están siendo engañados a pensar que están en el Mesías cuando que han sido desviados por medio de una doctrina errónea que no reconoce que Dios es uno en lo absoluto. Dios llama a esto, "la operación de error." Esta operación es enviada por Dios y afecta solamente a quienes "no recibieron el amor <u>de la verdad</u> para ser salvos." Por medio de esta operación de error, Dios permite que sean condenados todos los que consienten a la <u>iniquidad</u>. (2TES 2:10-12)

Por lo tanto, desde que el creyente viene al encuentro con la regeneración, el enemigo tiene ya su operación de error establecida para engañar a los que están entrando y confiándose del hombre para que les diga como deben creer en vez de confiar en el Espíritu de Verdad. La misma palabra nos dice que el camino a la vida es angosto. (MAT 7:14) La razón es que el ser humano tiende a seguir la ola de popularidad y no siempre es popular creer lo que Dios dice. Hay veces que el ser humano más bien prefiere ser acepto por los demás.

La buena noticia es que, "Dios conoce los que son suyos; y: Apártese de <u>iniquidad</u> todo el que invoca el nombre del Señor." (2TIM 2:19)

Este mismo versículo llama a esto "el sello del fundamento de Dios," Así que para todo aquel que en verdad tiene hambre y sed de la justicia de Dios, el Señor es poderoso para guiarnos a su verdad, limpiarnos de todo pecado, y preservarnos para su venida.

Conociendo pues, que todas las denominaciones carecen de la habilidad de llegar a un entendimiento completo por el estorbo de su tradición, no queda más que "salir de en medio de ellas" para dedicarnos a creer lo que dice la palabra de Dios.

Estoy consciente que esto suena radical y muchos lo considerarán extremismo. Quiero hacer hincapié que este tema requiere que seamos radicales. Si no estamos dispuestos a pensar fuera de nuestro propio grupito, nos será imposible percibir la verdad. Al presente hay suficientes ídolos y abundan los "ungidos" quienes entretienen al pueblo sin enseñarles nada de importancia.

Para conmover al pueblo, solo hay que ser un buen actor y dar una buena presentación, pero ya no es hora de vivir de la emoción solamente. Se nos dijo que El Eterno busca adoradores quienes adoren "en Espíritu y en Verdad." (JN 4:24)

Si hemos de progresar como pueblo, tendremos que entender lo que significan esas palabras y ponerlas por obra. Sin esta base, se hace imposible entender el plan del Señor ya que no comprendemos lo importante que es lo absoluto de la verdad. Por esto no hemos visto mayor movimiento del Espíritu Santo en cuanto a la unidad de la fe proclamada en Efesios 4:13-16. Ciertamente hay quienes buscan la unidad pero no de la fe. Son de la opinión que el buscar la unidad de la fe es crear uniformidad porque no entienden la diferencia entre la fe y sus tradiciones. Erróneamente rechazan o menosprecian lo que dice la Palabra sin tomar en cuenta que sin la Palabra de Dios, nuestra fe no es ni fe sino porfía. Asumir envés de verificar es usurpar el derecho de la verdad de ser absoluta.

Al exponer algo que no es verdad como si lo fuera, hurtamos el lugar que le corresponde solo a la verdad, y conforme a la influencia que tengamos dentro del pueblo, serviremos solo para impedir el crecimiento del pueblo. La culpa no es solo de los que enseñan, sino también de los que los oyen y aceptan lo dicho sin verificar; por no pasar tiempo en la palabra del Señor y por no creer que el Espíritu Santo los pueda guiar a toda verdad.

¡No hace falta ir al colegio bíblico para entender la Biblia! Es más, para algunos, quizás sea un impedimento mas que nada por ser que cada colegio es regido por las tradiciones de la denominación que lo patrocina. "La palabra de Dios es viva y eficaz." (HEB 4:12) Al que cree esto, le basta saber que "Dios no es Autor de confusión, sino de paz." (1COR 14:33) Aunque dijimos que la culpa no es solo de los que enseñan, llevamos mayor culpa que los demás si enseñamos erróneamente al pueblo.

Pues escrito está, "No os hagáis muchos maestros, sabiendo que recibiremos mayor condenación." (STG 3:1) ¿Por qué causa hemos de sufrir condenación al ser maestros?

La verdad es que no sufrimos condenación por ser maestros, sino por hacernos maestros a nosotros mismos. El llamado a ser maestro viene acompañado del don impartido conforme a la voluntad de Dios dentro de los cinco dones de ministerio fundamentales. (EFE 4:11) Ya tendremos tiempo, si el Señor lo permite, para tratar con ese tema más a fondo en otro libro. Entonces, por más bonito que cante o predique un hermano, no por eso está calificado para ser maestro.

Como ya hemos visto, el don trae consigo enorme responsabilidad y Dios lo confiere a quien Él escoge. Uno de los errores más grandes que ha cometido el pueblo es de configurar sus congregaciones conforme al ejemplo de Roma y no al que se acierta en la Escritura.

La escritura nos dice que la congregación debe ser apacentada por un concilio de ancianos, no por un solo pastor. Al no ceder al ejemplo de las escrituras, perdemos la habilidad de ver como deben funcionar los diferentes ministerios fundamentales dentro de la congregación.

Todo ha sido diseñado con propósito por el Autor y el no serle fiel a su diseño es <u>iniquidad</u>. Además, el rango y la jerarquía dentro del pueblo, que más bien es una familia, no tienen cabida. (MAT 20:25,26)

Quizá con esto empecemos a ver por que razón es que existen tantas teorías y tanta confusión acerca de la relación entre los Judíos y los Gentiles. Ha sido un torrente de información errónea lo que nuestro enemigo ha desatado contra nosotros desde la edad del oscurantismo hasta el día presente. La información fue diseñada por nuestro enemigo con el propósito específico de ocultar la verdad y así desviar al que no esté dispuesto a buscarla. El mayor temor de nuestro adversario es que llegue el día en que estemos unidos en Espíritu y en Verdad. Al llegar ese día él será atado y arrojado al abismo por un periodo milenial y él sabe mejor que muchos creyentes que lo dicho por el Señor no tiene más que cumplirse. (APOC 20:1-3) Esa será la generación de la cual dijo el Señor, "Ni las puertas del infierno prevalecerán contra ella." Mientras no tengamos la sencillez de corazón de un niño para creer la palabra de nuestro Padre sin condición, no alcanzaremos esta unidad porque estamos en competencia los unos con los otros y no estamos buscando el bien del cuerpo entero.

Los que hacen esto, buscan sobresalir a sus contemporáneos con establecer ministerios de renombre y atraer a sí mayor número de discípulos. Aunque sus intenciones aparenten ser buenas, si estas no dan con el propósito de Dios, solo logran desparramar envés de juntar con el Señor.

Creo que bien haríamos en recordar que en aquel día muchos le dirán, "Señor, en tu nombre profetizamos, hicimos milagros, y echamos fuera demonios. A estos contestará el Señor, "no os conozco obradores de <u>iniquidad</u>." Vemos pues que la <u>iniquidad</u> es la causa primordial de la confusión que produce la debilidad del pueblo de Dios.

El creer conceptos torcidos y el enseñar doctrinas basadas en filosofías y huecas sutilezas al pueblo solo traen confusión y división al cuerpo del Mesías. Viendo la magnitud del problema, parece ser insoluble, pero es precisamente lo que nuestro enemigo desea que pensemos. Fue específicamente lo que Dios le ordenó que creara conforme a lo que nos dice la Palabra en el versículo ya citado. (2TES 2:10)

El problema no es sino uno de falta de humillación hacia al Eterno por parte de los profesantes en la fe.

El orgullo y la jactancia denominativa son demasiados para permitir el pensamiento que alguien que no es de cierto grupo pudiera saber algo que dicho grupo no sabe. Se menosprecian los preceptos que rigen dentro del reino de los cielos y luego no sube ni siquiera a la imaginación por cual causa existe tanta confusión. Esta es la Babilonia que debe caer antes de que pueda el cuerpo del Mesías llegar a la unidad de la fe. La palabra Babilonia significa confusión.

Comprendiendo pues que el mayor obstáculo que se nos opone al tratar de entender la verdadera relación entre el Judío y el Gentil es un principado llamado Babilonia; nos es impuesta la necesidad de regresar a "los caminos antiguos y preguntad cuál sea el buen camino." Para poder hacerlo, primero tendremos que humillar nuestras almas delante del Señor y estar dispuestos a respetar debidamente a la verdad ya que sin esta no llegaremos a ningún lado en cuanto a la fe.

Así podremos juntar miles de almas en congregación y establecer organizaciones compuestas de múltiples congregaciones y al fin de cuentas, si la casa no es edificada conforme al diseño del Omnipotente, "en vano trabajan los edificadores." (Salmos 127:1)

La gracia de Dios es ofrecida al hombre mediante un sistema de creencia conocido como "la fe." La gracia no es licencia para creer conforme a nuestra propia concupiscencia, sino el favor inmerecido de Dios que nos provee de una fe para que entremos en ella como entró Noe en el arca y por medio de la cual también se salvó. (EFE 4:5) (1 PED 3:21)

Es más, el arca fue construida conforme a medidas específicas determinadas por el Creador y dadas a Noe con instrucciones detalladas para que hiciera conforme al mandato de Dios. La Escritura nos da testimonio de que Noe hizo, "conforme a todo lo que YHWH le mandó."

Para entender la verdadera relación entre judío y gentil es necesario creer a Dios en cuanto a lo que Él dice acerca de estos. Para esto, será necesario ver el origen de ambos y determinar su trayectoria a través del Libro Santo. Regresemos pues y preguntemos del Señor que como vino a ser todo esto. Estamos por emprender un viaje que transformará el entendimiento de aquellos quienes aman la verdad y revolucionará su concepto de la relación entre judíos y gentiles. ¡Al Señor sea la gloria!

Capítulo Dos

En El Principio

Desde el punto de arranque sabemos que una indagación consiste de preguntas y que las respuestas serán las que forjan nuestro entendimiento acerca del asunto sobre el cual indagamos. La certitud del entendimiento logrado será en el ámbito de la fuente que provee nuestras respuestas. Al ir con nuestras preguntas a las fuentes tradicionales o denominativas; recibiremos las mismas respuestas de siempre y habremos logrado el gastar nuestro tiempo inútilmente.

Por lo tanto, empecemos desde el principio y hagamos preguntas que nos provean la oportunidad de edificar un concepto en nuestro entendimiento que sea conforme a la verdad. Para esto, será necesario hacer las siguientes preguntas:

1) ¿En donde empieza el hilo de todo esto?
2) ¿Quiénes son los gentiles?
3) ¿Quiénes son los judíos?

Ciertamente haremos preguntas adicionales, pero estas servirán como nuestra base de lanzamiento. Desde aquí empezaremos a construir un fundamento para luego edificar un sano concepto de este tópico y añadirlo como cuarto a nuestra casa de fe.

Recordemos que nuestra casa de fe es donde nos refugiamos de los fuertes vientos y las tormentas que vienen a nuestra vida. El edificar una casa que permanezca contra estas cosas es edificar con sabiduría. (MT 7:24-27)

Después de todo, solo el Señor sabe que tan fuerte será lo que viene por delante y cuantas casas serán derrumbadas a causa de haber sido construidas inadecuadamente. ¡Preparémonos a vencer!

¿En donde empieza el hilo de esto? Si vamos a creer a Dios, será necesario regresar al principio para ver el origen de la humanidad conforme al relato que Él nos da. Sabemos que todo ser humano tiene su principio en Adán y Eva quienes fueron formados por Dios en el jardín del Edén conforme al libro de Génesis que viene siendo el primer libro de las Santas Escrituras.

Debido a su desobediencia deliberada, sobre lo cual hay mucho que ver pero no sin divagar de nuestro punto central, fueron echados del jardín y después de esto empezaron a reproducir la especie humana. Sin duda, a causa de la caída, estos reproducen un hijo bueno y uno malo.

El bueno busca complacer a su Dios y el malo se da a la envidia y a consecuencia comete homicidio contra su propio hermano. En breve, el relato de la primera etapa de la historia humana es contenido en siete capítulos del libro de Génesis.

A esta altura, a causa de la maldad, Dios puso fin a la humanidad de entonces con traer un diluvio mundial que acabó por destruir a todo ser viviente sobre la faz de la tierra. Desde luego que con la excepción de ocho seres humanos y los animales quienes escaparon la condenación mediante un arca construida por Noé y sus hijos conforme a las especificaciones determinadas por el Omnipotente.

Por medio de esto nos damos cuenta que solamente estas ocho personas sobrevivieron; y que seis de ellas, los hijos y las nueras de Noé, fueron quienes repoblaron la tierra. (GEN 9:19)

Si creemos a Dios, entendemos que todo ser humano de hoy en día viene de una de estas tres parejas.

Los tres hijos de Noé, progenitores de la humanidad de hoy en día, fueron Sem, Cham, y Jafet. La Biblia nos provee detalles de las naciones que surgieron de estos tres varones en sus generaciones. En el capítulo nueve de Génesis, Dios da de nuevo las mismas instrucciones que dio a Adán y a Eva.

De ahí en adelante se desarrolló de nuevo la humanidad; y es con perfecta lógica que la Escritura nos informa que toda la humanidad de entonces tenía un solo lenguaje. (Gen. 11:1) Fue Nimrod, nieto de Cham, quien fundó la ciudad de Babel y fue Babel donde confundió el Señor el lenguaje de la humanidad.

Conforme a la Escritura, el mismo nombre Babel significa "confusión." La ciudad, que más tarde vino a ser un imperio, fue nombrada a causa del acontecimiento. (Gen. 11:9) También de Cham proceden los Filisteos, o como ahora los conocemos, los palestinos. Estos son descendientes de Casluhim, hijo de Mizraím, hijo de Cham.

Los hijos de Noé, sus hijos, y los hijos de sus hijos se extendieron por toda la tierra desde los montes de Armenia donde se asentó el arca después del diluvio. Formaron naciones y se dividieron conforme a sus culturas y costumbres que desarrollaron, pero su origen es uno y el mismo. Después del incidente en Babel, las divisiones se hicieron más patentes por la diferencia en sus lenguajes. Cuando la Biblia hace referencia a Gentiles, está diciendo: <u>Naciones, Pueblos, Tribus, y Gentes.</u>

Es aquí donde encontramos el primer tropiezo que desvía a muchos en su entendimiento. Para el entendimiento de muchos, la palabra *Gentil* significa *Pagano*. Esto produce una connotación o interpretación de la palabra que sirve para establecer enemistad o prejuicio contra la palabra. Para muchos, éramos Paganos porque éramos Gentiles. Estos equivalen el término *Gentil* con el término *Pagano*.

Con este concepto del termino *Gentil*, solemos malinterpretar lo dicho por la Escritura en muchas de las citas donde se usa el termino *Gentil*. El primero y verdadero sentido otorgado a esta palabra es uno de generalización para agrupar todas las naciones que se habían desarrollado de aquellos tres varones hijos de Noe.

Cuando la Escritura habla de los *Gentiles*, habla del gentío, de las naciones, de las tribus y lenguas, y lo hace sin hacer distinción de ninguna cosa. Este no es un término para señalar ni bien ni mal. Este término hace la distinción entre las naciones e Israel como pueblo escogido de YHWH, El Todo Poderoso, pero solo esa distinción hace.

Bien que nuestro Maestro señala la diferencia que debe haber entre el pueblo de Dios y las gentes que no conocen a Dios diciendo,

"Porque los gentiles buscan ansiosamente todas estas cosas; que vuestro Padre celestial sabe que necesitáis de todas estas cosas." (MAT 6:32)

El Maestro denota en sus palabras la falta de conocimiento que hay entre los gentiles en cuanto a la providencia de nuestro Dios. Con todo y eso, no está legalizando el uso del término para equivaler la palabra gentil con el término pagano. Por ejemplo, Cornelio era gentil, pero no por eso era pagano. (Hechos 10:1)

Llegamos a entender que hasta el momento en que el Señor YHWH apartó a Abram para formar de él un pueblo escogido para su nombre, todos eran gentiles. Aún Abram era gentil hasta ser apartado por Dios. Por esto su nombre le fue cambiado a Abraham, y le fue dada la circuncisión en la carne, para reflejar el pacto que nuestro Dios hizo con él. (GEN 17:5)

Antes del pacto, existían Gentiles únicamente. Hablamos de un mundo poblado por las tribus, gentes, linajes, y pueblos quienes surgieron de los hijos de Noe. Ocho almas fueron las que quedaron del mundo antiguo por gracia del Señor y de ese linaje apartó Dios una rama para extraer de ella un varón y de él empezar un pueblo escogido para un propósito exclusivo. Veamos la historia de ese pueblo para saber con más exactitud quienes son los judíos.

Capítulo Tres

Linaje Nuevo

(Gen 12:3) *"YHWH dijo a Abram: Vete de tu tierra, de entre tus parientes y de la casa de tu padre, a la tierra que yo te mostraré. Haré de ti una nación grande, y te bendeciré, y engrandeceré tu nombre, y serás bendición. Y bendeciré á los que te bendijeren, y á los que te maldijeren maldeciré: Y serán benditas en ti todas las familias de la tierra."*

Con estas palabras el Señor empieza un linaje nuevo, y mediante un proceso selectivo, escoge a Isaac para continuar el linaje y después a Jacob. Jacob engendró doce hijos y estos doce son los nombres de las tribus de Israel. Rubén, Simeón, Leví, Judá, Zabulón, Isacar, Dan, Gad, Aser, Neftalí, José, y Benjamín. (GEN 49:3-27)

Así como los gentiles todos tuvieron su principio en Noe, Israel empezó en Abraham. Antes de descender a Egipto para estar ahí 430 años, eran doce las tribus de Israel y una de las doce era Judá. Es Judá de donde procede el término *Judío.*

Antes de morir Jacob, llamado Israel por Dios, llamó a su hijo José y a sus dos nietos Manases y Efraín. Aunque Efraín era el menor, su abuelo le dio la bendición del primogénito, pero para esto, le fue necesario adoptar a los dos como sus hijos propios. (GEN 48:5) Al momento de bendecidlos, cruzó las manos y puso su mano derecha sobre la cabeza de Efraín para señalar la bendición del primogénito. José intentó intervenir pensando que su padre lo hacía quizás por que la vista le fallaba. Pero la Escritura nos dice que Israel hizo esto a propósito.

Cuando José intentó cambiarle las manos a su padre de donde las había colocado, dice la Escritura que hablando de Manases; Israel dijo, "... Lo sé, hijo mío, lo sé; También él vendrá a ser un pueblo, y será también acrecentado; pero su hermano menor será más grande que él, *y su simiente será plenitud de gentiles.*" (GEN 48:5-20)

Más tarde, también bendice a los doce; cada uno conforme a la bendición merecida, pero la primogenitura del linaje le fue dada a Efraín con la promesa de que había de ser "Plenitud de Gentiles."

Después de 430 años de estar en Egipto, y ya como esclavos bajo gran opresión, Israel fue sacado de Egipto por mano fuerte del Señor. Salieron los descendientes de las doce tribus de Israel conociendo a que tribu pertenecía cada uno. En el desierto el Señor los hizo acamparse conforme a sus tribus. (NÚM. 2:2)

Más tarde, cuando entraron en la tierra prometida, la tierra fue distribuida a cada tribu conforme a la ordenanza de Dios. Israel siempre fue un pueblo compuesto de doce tribus. Israel fue regido por jueces y luego pidió rey. Después de Saúl reinó David y luego Salomón.

En los días de Salomón, el Señor envió a Ahías Silonita el profeta a Jeroboam, siervo de Salomón, para darle señal de que había de romper el reino en dos. Diez tribus al norte llamados Israel, también conocidos como Efraín, y dos al sur bajo el nombre de Judá. (1Reyes 11:11, 28,29)

Las diez tribus del norte (Israel / Efraín) serían entregadas por el Señor a Jeroboam a causa del pecado de Salomón y solo Benjamín quedaría con Judá al sur bajo el reinado de Roboam hijo de Salomón. Aunque Salomón buscó la vida de Jeroboam no logró matarlo, y conforme a la palabra del Señor, Israel no fue dividido hasta después de la muerte de Salomón. (1Reyes 11:34,35)

Por que Salomón buscaba matarlo, Jeroboam huyó a Egipto y ahí permaneció hasta que murió Salomón. A la muerte de este mismo regresó Jeroboam, y por determinación del Señor, le tomaron y le hicieron rey sobre Israel. Así fue dividido Israel en dos y reinó Roboam, hijo de Salomón sobre Judá. No obstante, Roboam pensó hacer guerra contra Jeroboam y contra Israel juntando los hombres de guerra que había en Judá. Pero Dios envió a Semaías varón de Dios a decirle a Roboam:

(1Ki 12:24) "Así dijo YHWH: No vayáis, ni peleéis contra vuestros hermanos los hijos de Israel; volveos cada uno a su casa; <u>porque este negocio yo lo he hecho</u>. Y ellos oyeron la palabra de Dios, y volvieron, y se fueron, conforme a la palabra del YHWH."

Quedó pues la casa de Israel dividida en dos partes. Israel, que también es llamado Efraín, al norte y Judá al sur. Jeroboam hizo lo malo delante del Señor.

Edificó altares donde el pueblo adorara becerros de oro para evitarles que fueran a Jerusalén por celo y temor de que estos llegaran a preferir a Roboam y a Judá. Pecó e hizo pecar a Israel. (1Reyes 12:26-33)

A causa de su idolatría y demás pecados con los cuales provocaron al Señor a ira, el Señor los entregó en manos de los asirios en aproximadamente el 722 A.C. Fue Israel dispersado en Asiria conforme a la palabra que Dios les había hablado por boca del profeta Óseas diciendo: "Haré cesar el reino de la casa de Israel." (Ós 1:4)

Por medio del profeta señaló lo que había de suceder y como esto acontecería. Instruyó al profeta que tomara para sí mujer fornicaria y ella concibió hijos de fornicaciónes y los nombres de estos habrían de señalar el castigo de Israel por su idolatría.

Cuidadosamente debemos considerar los nombres de estos hijos para entender el castigo de Israel conocido también como Efraín.

1) Jezreel: YHWH dispersará o sembrará
2) LoRuhama: Sin misericordia
3) LoAmmi: No mi pueblo.

Al considerar los nombres dados a estos tres personajes por el Señor, se nos revela un misterio que ha estado oculto por mucho tiempo pero guardado para nuestros días por voluntad del Eterno. Primeramente hay que entender que estamos en los días de los cuales habló el ángel al profeta Daniel diciendo, "... el conocimiento aumentará." (Dan. 12: 4)

Con el desarrollo de la era informativa, mucho de lo no conocido antes ha sido expuesto. Muchos avances se han hecho mediante medios electrónicos en cuanto a recursos bíblicos que nos ayudan a entender la Palabra de Dios con mayor claridad.

Existen medios que nos ayudan a entender los acontecimientos históricos relacionados al desarrollo de nuestra fe. Es de suma importancia poder ver claramente la trayectoria de la fe y determinar cuales fuerzas han influido sobre ella para bien o para mal. Solo así lograremos edificar oro, plata, y piedras preciosas sobre el fundamento; ya que este fundamento es único y toda sobre edificación errónea resultará en pérdida. (1COR 3:9-15)

Capítulo Cuatro

La Simiente Esparcida

Después de la división hecha por el Señor que dejo la casa entera de Israel dividida en dos casas separadas, reinaron diecinueve reyes en el reino del norte antes de ser este llevado cautivo por Asiría. Empezando desde Jeroboam, el primer rey después de la división, Israel se dio a la idolatría en completa rebelión contra la ley de Dios dada por Moisés.

Aunque le fueron enviados profetas para llamarlo al arrepentimiento, Israel se corrompió del todo a tal grado que se echó encima gran castigo y los tres nombres de los hijos del profeta Óseas sirven para señalar el plan de Dios para el castigo de Israel y la restauración de éste y Judá en una sola casa después del cumplimiento del castigo.

El primer nombre, Jezreel, significa: "YHWH sembró." Como simiente, El Todo Poderoso sembró la casa de Israel / Efraín en la nación de Asiria. Usó los asirios para llevar acabo el esparcimiento inicial de la simiente de Abraham entre los gentiles.

Debemos tomar en cuenta que el reino del norte conocido como Israel / Efraín consistía de diez tribus de la casa total de Israel, mientras que el reino del sur conocido como Judá consistía de solo dos que eran Judá y Benjamín. Siendo Judá la tribu predominante, por diseño del Señor, (GEN 49:10) el reino del sur fue llamado Judá.

El esparcimiento de Israel / Efraín en Asiria fue con doble propósito. El primero fue de castigar a un pueblo idolatra cuyo corazón estaba en los placeres, las tradiciones, y las costumbres de los asirios. De oír al profeta hablar bajo la unción, comprende uno que el deseo de Israel / Efraín de esa época era ser como los Asirios. (EZE 23:9)

El llamado a ser una nación separada (santa) al Señor le fue gravoso a Israel y deseó con el corazón seguir en las pisadas de los asirios. Cometiendo toda suerte de impureza y olvidándose de su creador, Israel pecó de tal manera que se echó gran castigo encima y acabó por caer en manos de los mismos Gentiles a los cuales tanto admiró.

Pero aquel cuya palabra es para siempre, y cuyas promesas son sin falla, había diseñado un plan para llevar acabo la purificación de su pueblo a largo plazo desde antes de la fundación del mundo.

En las palabras del profeta Ezequiel encontramos el carácter de las dos casas de Israel de aquel entonces. Samaria, que era la capital de Israel / Efraín es el nombre usado por el profeta para señalar al reino del norte y a este le llama Aholah. Antes de suceder lo determinado, ya el profeta lo había descrito por el Espíritu.

La población de Israel fue llevada cautiva por Asiría pero no aniquilada. Lo que fue destruido fue la identidad de estas diez tribus como Israelitas. Estos, hallándose entre los deseados de su alma, tornándose en el hijo prodigo, se fueron lejos a gastar su herencia con sus amantes; los Asirios, y se olvidaron de haber sido Israelitas.

Se asimilaron entre los asirios y algunos lograron puestos de prominencia y se perdió entre ellos el conocimiento de ser simiente de Abraham.

Generación vino y generación se fue y los descendientes de aquellos primeros cautivos lograron lo que sus antepasados habían deseado; el ser Gentiles. Todo conocimiento de su pasado fue borrado por darse estos en cuerpo y alma al propósito de ser como sus captores. El llamamiento y los dones de Dios son irrevocables, (ROM 11:29) y como gente dotada de gracia en diversos aspectos de la vida, estos fueron a gastar esta su herencia en complacer a sus amantes los Asirios. De esto hacen más de 2700 años.

Nunca comprendió Israel / Efraín quien era y cual era su verdadero destino. Ni siquiera por el significado de su nombre llegó a entender su postura y el lugar que el Altísimo le había otorgado. No entendió el significado de LoRuhama que significa "no más misericordia." Ignoró que solo la misericordia del Señor lo había preservado hasta este momento, y que sin esta, se convertiría en vaso en el cual nadie se deleita. (Óseas 8:8)

La sentencia fue que se acabaría la misericordia y así quedaría Israel expuesto a ser siempre el hijastro del mundo y como quien trabaja para que el extraño lo goce. Siempre como hueso desencajado y como no teniendo cabida en ninguna parte. Esta fue la legacía que heredó a su posteridad y la cual recibió a cambio de su idolatría e infidelidad para con su Señor.

Jamás entendió la sentencia de ser LoAmmi que significa "no mi pueblo." Siendo entregado a los deseos de su corazón de ser como los asirios, perdió el privilegio de ser conocido como pueblo escogido de Dios.

Fue reprobado y desechado de su lugar de privilegio porque pensó que era preferible ser como una gente idólatra por la opulencia temporal de aquella. Volvió Israel a cometer el pecado original de creer a la serpiente antes que al Creador.

Cambió su primogenitura por una olla de lentejas y sus ropas reales por las de un sirviente.

Prefirió los placeres del mundo y estos lo cegaron y lo sujetaron a servidumbre para beneficio de quienes solo interesaban en aquello con lo cual se podrían beneficiar de él. Perdió pues Israel / Efraín todo conocimiento de su verdadera identidad y se tornó en Gentil. Así se cumplió la primera parte de Jezreel en Israel y la palabra del Señor que habló por medio de Jacob diciendo, "Efraín será Plenitud de Gentiles."

Desde el esparcimiento de su simiente en Asiria, Israel / Efraín quedó ciego a su identidad y se cuenta a sí mismo entre los Gentiles sin saber ni entender la verdad. Después de 2700 años sería imposible para la humanidad el determinar quienes son los descendientes de esta simiente, pero no para el Señor. ¡Dijimos que el propósito de Dios en esto es doble!

Capítulo Cinco

Sembrados en Esperanza

El Señor YHWH sembró la casa de Israel / Efraín en Asiria conforme a su plan determinado desde antes de la fundación del mundo. O ¿acaso no creemos que todo esto esté determinado desde entonces? ¿Pensaremos quizás que alguna cosa de estas haya tomado al Omnisciente de sorpresa? Si eso pensamos, no hemos empezado a entender la soberanía del Todopoderoso.

El profeta Daniel dice, "los entendidos entenderán." Al llegar a entender el significado del término gracia, nos debería dar temor al comprender que solo el favor inmerecido del Eterno nos ha traído a un encuentro con esta fe. Entramos por gracia a una disciplina de antemano determinada por el Creador para que aprendamos a obedecer ya que los estatutos del Señor son perfectos y su voluntad sin equivocación.

En Génesis 48:19, Jacob, quien fue nombrado Israel por el Señor, imparte la bendición del primogénito a Efraín; el hijo menor de José. Al hacerlo, ni José, siendo aún el gran hombre de Dios que fue, logró entender el significado de lo que su padre hacía porque no le correspondía saberlo. Trató de oponerse a que su padre diera la bendición del primogénito a su hijo menor. Pero Jacob obró conforme fue guiado por el Espíritu del Señor.

Para bendecidlos a ambos, le fue necesario adoptarlos (GEN 48:5) y conforme a lo que nos dice la Escritura, pronunció la siguiente bendición sobre Efraín: "su simiente será Plenitud de Gentiles." (Gen 48:19) Sabemos que a la nación de Israel le era prohibido el casarse fuera de su pueblo. ¿Cómo pues sería posible que esta bendición profética se cumpliera sin que la simiente de Abraham saliera de entre Israel? La verdad es que solo siendo entregados a sus concupiscencias de ser como los Gentiles sería cumplida la bendición mientras que esto serviría a la vez para enseñarnos a obedecer y a apreciar lo que es ser pueblo de YHWH. Por esta razón fue la simiente de Abraham sembrada en Asiría y dejada a germinar por más de 2700 años sin que muchos supieran la verdad de este misterio. Muchos han preguntado acerca de la desaparición de las diez tribus del norte de Israel.

Se han filmado documentarios que terminan por dejar al público con más preguntas que respuestas.

Bien que hay que entender que al hablar de simiente, hablamos de simiente humana que pasa de generación en generación mediante actividad reproductiva. La ciencia biológica nos hace entender que el hijo lleva la simiente del padre hacia delante de generación en generación.

Lo que olvidó Israel / Efraín fue su cultura y llegó a ser una oliva acebuche. (De cultivación Gentil) "Que si algunas de las ramas fueron quebradas, y tú, siendo acebuche, has sido ingerido en lugar de ellas, y has sido hecho participante de la raíz y de la grosura de la oliva;" (ROM 11:17) Sabemos que nuestro Maestro nos informó sobre los errores de la cultura Gentil al decirnos, "todas estas cosas buscan los Gentiles," y "ellos piensan que serán oídos por su palabrería, etc."

Tomando en cuenta que solo hay una cultura genuina y que esta es la de nuestro Dios, llegamos al entendimiento de que la cultura del Gentil no es cultura sino falta de cultura. Es imposible perjudicar el código genético hallado en la sangre humana y contenido en su simiente con cambiar la cultura. El código genético es cosa innata y la cultura es producto de la instrucción que recibe el ser humano departe del ambiente en el cual nace.

Por ejemplo, aunque el Latino en los Estados Unidos de América hable el español y tenga la piel dorada, no necesariamente tiene la misma cultura que sus antepasados que nacieron y fueron criados en otros países. La cultura se modificó mediante el rozo con otras culturas. Entonces, se hace hincapié que la diferencia entre las olivas mencionadas es la cultura. Ambas palabras, cultura e instrucción, significan una misma cosa. Queda claro que Israel sufrió retraso al preferir la cultura o instrucciones de los asirios sobre la cultura producida por las instrucciones de su Creador.

La buena oliva ha sido cultivada por el Señor y el acebuche es de cultivación Gentil. Primera mente fue Israel dividido en dos partes. Luego fue la parte mayor cortada de entre la heredad Israelita, que es la cultura del Señor, y dispersada en Asiria para distribuirse a través del planeta.

Sabiendo que donde hay siembra tiene que haber cosecha; debemos ver lo que se sembró para reconocer el fruto que se cosechará. Israel fue sembrado por YHWH con promesa de que fructificaría a su debido tiempo. La palabra <u>esparcir</u> nos brinda una claridad más lúcida en que nuestra mente forma una imagen del Creador esparciendo la simiente de Abraham en Asiria con su santa mano. Como nuestro Dios jamás hace algo sin propósito, nos es prudente el buscar el propósito de esta siembra. Primeramente, hay que recordar que la cantidad que se siembra no es la misma que se recoge. De modo que la cosecha o siega siempre es mucho mayor en cantidad que la de la siembra.

Se hace notorio esto para que entendamos por que razón hace la siguiente declaración el Señor:

(OS 1:10) "Con todo será el número de los hijos de Israel como la arena de la mar, que ni se puede medir ni contar. Y será, que donde se les ha dicho: Vosotros no sois mi pueblo, les será dicho: Sois hijos del Dios viviente."

Conforme a lo que nos dice el Señor, aún en vistas de aquel castigo por el cual Israel / Efraín habría de pasar; su simiente sería innumerable. Porque sin duda sabemos que habla al reino del norte cuando pronuncia este juicio y esta promesa. Es a Israel a quien siembra; no a Judá. Pues de Judá dice:

(OS 1:7) "Mas de la casa de Judá tendré misericordia, y salvarélos en YHWH su Dios: y no los salvaré con arco, ni con espada, ni con batalla, ni con caballos ni caballeros."

Los nombres de los tres hijos de Óseas el profeta anuncian el castigo para las diez tribus del norte llamados Israel.

Pero no es una promesa nueva, sino la misma que dio el Señor a Abraham desde el principio, "en ti serán benditas **Todas** las familias de la tierra" y la bendición que dio Jacob-Israel a Efraín cuando lo bendijo diciendo:

"su simiente será **Plenitud de Gentiles.**"

Capítulo Seis

Los Judíos

La historia humana es medida y dividida por dos épocas principales. En orden cronológico, la primera es llamada la era "antes de la era común" y se conoce también como la era "antes de Cristo." La segunda es la "era común." La primera se abrevia A.E.C. y la segunda E.C. Deseo aclarar esto para que no haya mal entendimiento sobre las abreviaciones que se usarán.

Israel / Efraín fue llevado cautivo por Asiría en el 722 A.E.C. Antes de que fuera llevado, el profeta Óseas había profetizado que Judá sería rescatado de ser llevado también y no por sus propias fuerzas. (Os 1:7) Después de haber sido llevado cautivo Israel, el rey de Asiría, Sennachêrib, subió contra Jerusalén para tomarla.

En los días del profeta Isaías, cuyo nombre en Hebreo es Yeshayahu que significa <u>YHWH ha salvado</u>, subió este rey contra Judá para conquistarle y mudar su gente a otro lugar como era la costumbre de los reyes de esa época. Esto se hacía para desorientar la unidad de los pueblos conquistados y así evitar la rebelión. Conforme a la palabra del Señor, el rey se enalteció de sobremanera y habló palabras hinchadas y blasfemas contra el Santo de Israel. Por lo cual el Señor envió su Ángel y mató ciento ochenta y cinco mil hombres del ejército de Sennachêrib.

Fue así como libró el Señor a Judá de la mano de los asirios y perduró Judá otros ciento veinticinco años en libertad después de ser llevado Israel en cautiverio.

Fue durante esta época que se desarrolló el término, *Judío*. Al conocimiento de la gente de aquel entonces, el reino del norte era Israel y este fue llevado cautivo. Habiendo quedado solo el reino del sur llamado Judá, ya no fueron llamados Israelitas, sino Judíos.

Es más, la relación entre Israel y Judá había sido una de enemistad casi continua. Con la excepción del tiempo de paz entre ambos que hubo durante los reinados de Asa y Josafat, reyes de Judá, y Achâb y Ochôzías, reyes de Israel; siempre estuvieron estos el uno contra el otro.

Judá y Benjamín fueron las dos tribus que formaron el remanente de la casa total de Israel y estas dos tribus vinieron a ser conocidas como "Los Judíos" por las naciones que les rodeaban.

Es más, en vista de la relación que hubo entre Israel y Judá, no es muy probable que el reino de Judá haya deseado identificarse en aquel entonces con el reino talado. En su infinita sabiduría, el Señor reservó el nombre, *Israel*, para otro tiempo conforme a su propósito perfecto. Ciento veinticinco años fueron suficientes para cimentar la identidad del remanente de Israel como "Judíos."

Se cumplió la sentencia del Señor sobre Israel / Efraín y ni aun así entendió Judá lo peligroso que era provocar al Santo de Israel a ira con practicar la idolatría. Regresando a la profecía de Ezequiel profeta, (EZE 23:4) se nos informa que Judá observó lo que fue hecho con Israel y como fue este castigado en su turno y ni aun así entendió. Pasados ya ciento veinticinco años, el imperio dominante no era Asiría sino Babilonia. El Señor había levantado a Babilonia y colocado todo el mundo de entonces bajo el poder del rey Nabucodonosor. (DAN 2:37,38)

Nos dice el profeta Ezequiel que Aholibah (Judá) se pervirtió aun más que su hermana Aholah. (Israel) Judá empezó por fijar sus ojos en los asirios y seguir sus costumbres. Pero viendo imágenes pintadas de los Caldeos, se fue su corazón tras estos y se prostituyó con ellos. La fornicación detallada es el hecho de dejar los estatutos del Señor a un lado por seguir la cultura de Babilonia. Olvidó Judá como fue rescatado de la mano de los asirios en cortos ciento veinticinco años. Se dedicó a presentar sacrificios a los dioses de los Caldeos y de las naciones paganas que le rodeaban.

En su deseo de tener aceptación entre el mundo de esa época, Judá se apartó de su Creador y echó a un lado sus mandamientos. ¡Por lo tanto, el Señor pronunció sentencia contra Judá!

(EZE 23:28-35) *"Porque así ha dicho el Señor YHWH: He aquí, yo te entrego en mano de aquellos que tú aborreciste, en mano de aquellos de los cuales se hartó tu deseo: Los cuales obrarán contigo con odio, y tomarán todo lo que tú trabajaste, y te dejarán desnuda y descubierta: y descubriráse la torpeza de tus fornicaciónes, y tu suciedad, y tus fornicaciónes. Estas cosas se harán contigo, porque fornicaste en pos de las gentes, con las cuales te contaminaste en sus ídolos. En el camino de tu hermana anduviste: yo pues pondré su cáliz en tu mano. Así ha dicho el Señor YHWH: Beberás el hondo y ancho cáliz de tu hermana; de ti se mofarán las gentes, y te escarnecerán: de grande cabida es. Serás llena de embriaguez y de dolor por el cáliz de soledad y de asolamiento, por el cáliz de tu hermana Samaria. Lo beberás pues, y lo agotarás, y quebrarás sus tiestos; y tus pechos arrancarás; porque yo he hablado, dice el Señor YHWH. Por tanto, así ha dicho el Señor YHWH: Por cuanto te has olvidado de mí, y me has echado tras tus espaldas, por eso, lleva tú también tu suciedad y tus fornicaciónes".*

Vinieron las fuerzas armadas del rey Nabucodonosor e hicieron conforme les plació con Judá. A quienes quisieron dieron muerte y a los demás los llevaron cautivos a Babilonia. Entre estos fueron Daniel profeta y sus compañeros. Dejaron solo los pobres del pueblo.

(2Ki 24:14) "Y llevó en cautiverio á toda Jerusalén, á todos los príncipes, y á todos los hombres valientes, hasta diez mil cautivos, y á todos los oficiales y herreros; que no quedó nadie, excepto los pobres del pueblo de la tierra."

Después de la cautividad en Babilonia, toda la tierra al oeste del río Jordán fue conocida como Judea hasta el tiempo en que el Señor YHWH anduvo las calles de Jerusalén en forma humana. (1COR 5:19) Después de la crucifixión y resurrección del Mesías, y el derramamiento del Espíritu Santo, se volvió a rebelar Judá contra el imperio Romano y fue quemada la ciudad de Jerusalén y los Judíos fueron dispersados por toda la tierra.

Por mil ochocientos setenta y ocho años vagaron los Judíos por las naciones sufriendo rechazos, menosprecios, injusticias, y persecución. En todas las naciones donde vivieron dejaron su huella y prosperaron porque los dones del Señor son irrevocables. Pero inevitablemente surgieron siempre problemas con las gentes entre las cuales vivieron por una causa u otra. En 1492, mientras Cristóbal Colón descubría que existía otro hemisferio, La reina Isabel la Católica y su marido el rey Fernando V de España proclamaban el Edicto de Alambra contra los Judíos a los cuales llamaban marranos.

En el año 1478, el vaticano aprobó la formación de la Inquisición Española por petición de la reina y el rey ya mencionados. Después de haber tratado de forzar a los Judíos de España a convertirse al catolicismo, hallaron que muchos de estos se convertían solo de labios---por decirlo así---pero seguían practicando sus ritos Judíos en secreto.

Por que no se dieron en cuerpo y alma para creer la doctrina del catolicismo, les apodaron con el sobrenombre de marranos, y empezaron a perseguirlos. A todo Judío acusado de ser "Judaizante"---así le llamaban al "crimen" que estos cometían--- lo llevaban ante el tribunal para ser examinado y eso por azotes y otras torturas sanguinarias bajo la dirección de Tomás de Torquemada y aplicadas por los monjes Franciscanos y Dominicanos.

Torquemada, como confesor privado de la reina y el rey, recibió la comisión de castigar toda "herejía" por el Papa Sixtus IV. Este organizó y usó la Inquisición para perseguir a los Judíos y así despojarlos de sus bienes con el apoyo del gobierno Español. Si el acusado era hallado culpable, recibía castigo de cárcel perpetua, el San Benito, o muerte por fuego.

El San Benito era un traje consistente de un saco de tela basta con letras y una cruz enorme, y un capirote que servían para señalar a todo mundo que este era un "marrano."

Desde luego que su negocio perecía, sus amigos se alejaban por miedo de ser también acusados, y se convertía en la burla de cualesquier inservible que se lo encontrara con todo y que el inservible fuera un fiel Católico. No importaba la sentencia ya que de todas maneras llegaba la persona al mismo fin si permanecía en España. En su tiempo como Gran Inquisidor, Torquemada sentenció 2000 personas a muerte por fuego.

En 1492, bajo el Edicto de Alambra, expulsó España a los Judíos de su tierra con solo sus pertenencias personales que pudieran estos cargar. Los despojaron de tierras, bienes, negocios y cuanto más quisieron. Muchos de los Judíos se refugiaron en Portugal.

El rey Manuel I, buscando solidificar los reinos de Portugal y España, contrajo matrimonio con dos de las hijas del rey y la reina de España. Bajo la influencia de estos mismos, expulsó a los Judíos de Portugal en 1497.

Muchos de los Judíos expulsados fueron pasajeros en el segundo viaje de Cristóbal Colón hacia el nuevo mundo. Hallando reposo temporal de la persecución, se establecieron de nuevo en el hemisferio occidental. No obstante, La Inquisición los persiguió desde el sur del hemisferio hasta el norte. Estableció inquisidores en Brasil, Argentina, y Nueva España que vino a ser lo que ahora conocemos como México y los Estados Unidos de América. Estableció Inquisidores en la Ciudad de México, Monterrey, Nuevo León, México, y en Santa Fe, Nuevo México, USA. Es de ahí donde proviene el nombre de esa ciudad.

Los judíos establecieron por lo menos una de las ciudades más antiguas de México que es la ciudad de Cerralvo, Nuevo León, y aun seguimos hallando evidencia de que se asentaron a través del suroeste de la unión Americana. Fueron perseguidos, muertos, difamados, despojados, y casi aniquilados por los hornos de Hitler y su ejército de demonios en sus campos de concentración.

Todo esto por haberse rebelado contra el Santo de Israel y desobedecido los mandamientos del Altísimo.

Muchos de los antisemitas (aborrecedores de los Judíos) del pasado y el presente han sido y son personajes religiosos guiados por un espíritu de error e influidos por las doctrinas, dictámenes, y prejuicios de la gran ramera. Estos pensaron que el Señor YHWH había desechado a los judíos para siempre y los había escogido a ellos en su lugar.

Esa creencia fue la que dio vigor a muchos de los crímenes y demás injusticias que se cometieron por los llamados "Cristianos" contra los judíos. Digo que llamados porque en verdad no lo eran. Ninguno que comete homicidio, violencia, injuria, y todas las injusticias que las naciones han cometido contra los judíos es verdaderamente un seguidor del Cristo (Mesías) de Israel.

Nuestro Cristo nunca injurió a nadie. Ninguno puede decir que aprendió de Cristo a perseguir a los que no están de acuerdo o se oponen. Nuestro Cristo oró y pidió misericordia para los que lo crucificaron intercediendo por ellos en medio de su aflicción y en el lugar de su tortura. Solo un espíritu inmundo podría haber convencido a estos inconstantes a llevar acabo dichas atrocidades en nombre de Cristo quien según la carne vino de los mismos Judíos.

Es más, le cambiaron el nombre a su parecer para identificarlo con ellos y trataron de quitarle todo rastro de su verdadera relación con los judíos porque su meta era de usurpar y adueñarse de lo que nunca entendieron. Se dieron a la creencia de que el Señor había desechado a los judíos para siempre por haber crucificado estos a Cristo y nunca fueron capaces de entender la verdad porque estaban ordenados para esa condenación. A esa doctrina de demonios se le llama la <u>Teología de Reemplazo</u>. ¡Quiero decirles que se equivocan a quienes suscriben a esa teoría errónea y diabólica!

Oíd lo que dice el apóstol bajo la unción del Espíritu Santo:

(ROM 11:28-32)
> *"Así que, cuanto al evangelio, son enemigos por causa de vosotros: Más cuanto á la elección, son muy amados por causa de los padres. Porque sin arrepentimiento son las mercedes y la vocación de Dios. Porque como también vosotros en algún tiempo no creísteis á Dios, mas ahora habéis alcanzado misericordia por la incredulidad de ellos; Así también éstos ahora no han creído, para que, por la misericordia para con vosotros, ellos también alcancen misericordia. Porque Dios encerró á todos en incredulidad, para tener misericordia de todos."*

Bien que como dijimos, estos estaban ya ordenados para esta condenación juntamente con todos aquellos quienes hasta este día cometen atrocidades bajo el título de "Cristianos." Debemos recordar de nuevo que el solo soberano y altísimo Dios de Israel, como alfarero, determina que uso ha de darle al vaso que forma conforme a su perfecta e indisputable autoridad. Con perfecta razón es que dice la Palabra Santa: "El principio de la sabiduría es el temor a YHWH." (PROV 1:7) Todo el que no teme ante la soberanía del Señor es sin duda un insensato.

(ROM 9:21-26)
"¿O no tiene potestad el alfarero para hacer de la misma masa un vaso para honra, y otro para vergüenza? ¿Y qué, si Dios, queriendo mostrar la ira y hacer notoria su potencia, soportó con mucha mansedumbre los vasos de ira preparados para muerte, Y para hacer notorias las riquezas de su gloria, mostró las para con los vasos de misericordia que él ha preparado para gloria, los cuales también ha llamado, es á saber, á nosotros, no sólo de los Judíos, mas también de los Gentiles? Como también en Óseas dice: Llamaré al que no era mi pueblo, pueblo mío; Y á la no amada, amada. Y será, que en el lugar donde les fue dicho: Vosotros no sois pueblo mío: Allí serán llamados hijos del Dios viviente".

Tanto el Judío como el Gentil son llamados al arrepentimiento porque ambos tropezaron en la palabra que dice, "por cuanto todos pecaron y están destituidos de la gloria de YHWH." (ROM 3:23) La simiente de Abraham ha llenado la tierra y el Señor está llamándola a ser lo que Él intentó que esta fuera desde un principio.

Para esto, ambos tendremos que ser ingeridos en la buena Oliva; tanto el acebuche como las ramas quebradas. La incredulidad y la ignorancia han cegado en parte a las dos casas de Israel. Efraín (La Plenitud de Gentiles) ignora su verdadera heredad y que Judá es su hermano. Judá desconoce a su Mesías y a su hermano Efraín.

Mucha de la culpa es de aquellos religiosos del pasado quienes buscaron borrar todo lo "Judío" de la fe.

Estos establecieron ritos, fiestas, y nombres de su propia imaginación; acabando por pervertir la fe y dar de luz a la operación de error.

Con todo, esa condenación estaba ya de antemano preparada por el Altísimo para aquellos quienes cayeron en ella por su arrogancia. Por otro lado, era necesario que todo esto aconteciera para que se cumpliera la sentencia de castigo y que todo llegara a su culminación como el Señor lo dispuso.

(2Th 2:9-12) "A aquel inicuo, cuyo advenimiento es según operación de Satanás, con grande potencia, y señales, y milagros mentirosos, Y con todo engaño de iniquidad en los que perecen; por cuanto no recibieron el amor de la verdad para ser salvos. Por tanto, pues, les envía Dios operación de error, para que crean á la mentira; Para

que sean condenados todos los que no creyeron á la verdad, antes consintieron á la <u>iniquidad</u>.

(Judas 1:4) Porque algunos hombres han entrado encubiertamente, los cuales desde antes habían estado ordenados para esta condenación, hombres impíos, convirtiendo la gracia de nuestro Dios en disolución, y negando á YHWH que solo es el que tiene dominio, y á nuestro Señor Yahshua.

Ambas casas tenemos que aprender lo que significa ser Israel y así poder decir con todo el corazón, Baruch Haba Beshem YHWH. ¡Bendito él que viene en nombre de YAHWEH!

Capítulo Siete

La Buena Oliva

La Escritura nos da testimonio de que las dos casas de Israel cayeron en iniquidad transgrediendo los estatutos del Señor y sufren el castigo de su Dios hasta el presente; porque ciertamente YHWH es el Dios de Israel. Fue Él quien lo formó y lo apartó para ser suyo exclusivamente. Desde un principio, la promesa dada a nuestro padre Abraham fue: "Todas las familias de la tierra serán benditas en ti."

Al Señor le plació tomar a Abraham, un hombre temeroso y humilde ante su Creador, y de él formar un pueblo para su gloria.

(Isa 43:7) Todos los llamados de mi nombre; para gloria mía los críe, los formé y los hice.

Hago una pregunta, ¿En donde está escrito que YHWH haya hecho pacto directo con alguna de las llamadas "iglesias" que ahora existen? Si quisieren ser honestas, todas las denominaciones "Judéo-Cristianas" tendrían que admitir que son producto de lo acontecido en Judá al principio de la era común.

Todo lo que fue mezclado como levadura por los llamados "padres" de la llamada iglesia durante la edad del oscurantismo fue lo que ha servido para contaminar la pureza del Evangelio que es la verdad. Se requiere que seamos guiados por el Espíritu de Verdad a lo que verdaderamente es la fe para poder reconocer la diferencia entre la verdadera fe y la operación de error.

Si por la opulencia de las grandes denominaciones somos desviados a pensar que están en la verdad; las imitaremos y recibiremos también la recompensa de sus errores.

A través del siglo veinte aconteció algo muy interesante. A principio de siglo, se levantó un movimiento que vino a ser conocido como "Pentecostal." Este movimiento empezó porque hubo quienes creyeron que el Señor sigue derramando de su Espíritu sobre toda carne y que lo escrito hace dos mil años es relevante para hoy. Vino de ahí un nuevo entendimiento de la relación entre la promesa y su cumplimiento. Se halló la conexión entre Mateo 28:19 y Hechos 2:38 y de entre ese entendimiento surgió el movimiento apostólico de ese entonces.

Las denominaciones que habían ya existido por siglos desde La Gran Reformación se opusieron al nuevo movimiento y algunos hasta blasfemaron contra lo que no les fue posible entender.

Se quedaron en un nivel previo por no ser más receptivos a lo espiritual ni tomar en cuenta que la Escritura nos dice que vamos creciendo "de fe en fe." (ROM 1:17) Hubo entonces gran disturbio entre el mismo movimiento Pentecostal por haber quienes quisieron quedarse con ciertas doctrinas en vez de creer a la palabra del Señor. Unos escogieron seguir practicando los errores del pasado y otros aceptaron lo que decía la Escritura en cuanto al arrepentimiento, el bautismo, y el sello del Espíritu Santo.

Lamentablemente, lo que empezó debido al descubrimiento de unas verdades ocultas por muchos siglos por el engaño de aquellos antiguos ecuménicos, se convirtió más tarde en la multiplicación de denominaciones. Teniendo lo necesario, cualquier persona con, y a veces sin, seguidores puede establecer su propia denominación o grupo de naturaleza religiosa. Son una gran cantidad de entidades religiosas las que se han registrado en Los Estados Unidos de América.

Por ser así, todos concursan los unos contra los otros para ver quien gana más "almas" para el Señor. Mientras tanto, no salen de donde mismo y viven buscando como guardar la atención de sus congregantes porque estos no vayan a perder el interés y se vayan a ir a otra congregación. Forjan programas y actividades para retener a "sus" miembros. En muchos sitios donde debería ser proclamada la palabra del

Altísimo están juntos simplemente porque se ha creado un ambiente de club social. Parecen haber recibido enseñanza de Jeroboam.

Por otro lado están los que a todos condenan por no ser parte de su grupo sin entender que ellos mismos no han llegado a la perfección. Su negativismo da a luz a discípulos juiciosos y arrogantes acerca de ellos mismos. Habiendo empezado torcidamente, acaban por caer en lazo del enemigo y solo la gracia del Señor los libra si de Él está que se salven. Entre la llamada "iglesia" hay sacerdotes, pastores, y laicos quienes están esclavizados por la pornografía, el adulterio, la homosexualidad, la avaricia, y cuanto otro pecado. Tenemos que preguntarnos, "¿Por qué es esto así?" La respuesta es sencilla. Profesan la fe pero han negado la eficacia de ella. ¿Será esta la buena oliva?

La respuesta es sí y no. Aunque eso parezca algo incierto e ilógico, tenemos que ver el cuadro completo y entender bien la terminología usada para lograr un sano entendimiento de la buena oliva. Una vez más, si nos dejamos llevar por la información obtenida dentro de las fuentes tradicionales, quedaremos donde mismo que empezamos.

Necesitamos regresar a la escena de los hechos. Me refiero a los hechos de los apóstoles. En dicho libro encontramos lo que la mayor parte del Cristianismo llama, "el nacimiento de la iglesia."

Es aquí donde oímos al emisario Shimon Kefa (apóstol Simón Pedro) declarar la identidad del Mesías mediante un discurso que terminó por dejarlos "compungidos de corazón." Es también aquí donde se hace el primer llamamiento en nombre del Mesías. Hay que recordar que no estaban dialogando en español, Ingles, o alguno de los idiomas modernos. Todos los que estaban reunidos eran judíos y el idioma primordial del Judío es el Hebreo.

Es aquí donde muchos hacen el error de pensar que lo dicho solo concierne a los judíos. Pero la palabra dice en Hechos 2:39 así, "porque para vosotros es la promesa, y para vuestros hijos. Para todos los que están lejos; para **cuantos el Señor nuestro Dios llamare.**"

Hay que entender que el nombre que fue pronunciado en aquel día fue <u>Yahshua</u> y en hebreo significa <u>YHWH Salvador</u>. Este fue el nombre anunciado en Mateo 1:21-23 con explicación de que el ser que nacería era "Dios con nosotros."

Isaías 43:11 lo confirma diciendo, "Yo, Yo YHWH, y fuera de mí no hay quien salve." Tres mil creyentes invocaron ese nombre en su bautismo aquel día y cinco mil más en la siguiente ocasión. Ese fue el nombre que fue invocado sobre el eunuco por Felipe, y sobre Shaul (Pablo) en Damasco, y sobre Cornelio y su casa. (Hechos 8:35-38, 9:18, 10:48) Es por eso que el Señor YHWH llama a su pueblo, "Los llamados de mi nombre."

La importancia en entender esto es para comprender lo que actualmente sucedió aquel día conocido como "Día de Pentecostés" por los creyentes de esta época. La verdad es que el derramamiento del Espíritu Santo aconteció en la fiesta Israelita de Shavuot; una fiesta ordenada por YHWH para ser observada por su pueblo. La crucifixión y resurrección también acontecieron de igual manera. La fiesta de Pesaj, o

Pascua en Español, fue establecida en Egipto la noche antes de que saliera Israel de ahí por mano fuerte del Señor.

Todo lo concerniente a esa fiesta solemne anunciaba la muerte y resurrección del Mesías. Siendo el Cordero que vino a morir por nosotros, nos dice: "Si no coméis mi carne y bebéis mi sangre, moriréis." (JN 6:53) La razón que los Judíos de esa época no supieron entender sus palabras simbólicas fue que estaban alejados de la palabra de Dios por sus tradiciones y su infidelidad a las Escrituras. Lo mismo sucede ahora entre los creyentes quienes se consideran así mismos la "iglesia."

Tratemos pues con el siguiente término de importancia para nuestra comprensión de este acontecimiento santo. La palabra <u>Iglesia</u> es traducida de la palabra Griega, <u>Ecclesia</u>, que significa <u>Congregación</u>, <u>Comunidad,</u> y <u>Llamados Fuera</u>. Entonces, cuando el Maestro dice, "sobre esta roca edificare mi Ecclesia," está diciendo que sobre la verdad del conocimiento de su deidad establecerá su congregación de creyentes o llamados fuera. No se refiere a una institución que había de reemplazar a Israel.

El concepto de una institución reemplazante fue concebido por los usurpadores para solidificar su reclamo sobre la autoridad eclesiástica conforme al espíritu de Diótrefes que obró en ellos. (3JN 1:9)

En todo lugar donde la Escritura habla de la Ecclesia, está haciendo referencia a esta misma congregación o comunidad de creyentes y no a una institución separada de Israel.

Entonces, ¿Qué fue lo que nació en aquel día si es que en verdad algo nació? Para contestar esto, tendremos que ir hacia al pasado unos días antes de que el Maestro principiara su ministerio. La figura prominente durante este tiempo es el primo del Maestro según la carne; Juan el Bautisador. Apodado así por predicar y bautizar a la gente para arrepentimiento, este varón llamado por el Señor Yahshua "mas que profeta," (MAT 11:9) hizo una declaración.

Esta tiene suma importancia para nuestro entendimiento de este asunto. Juan dijo, "el hacha está puesta a la raíz de los árboles." (LUC 3:9) y el Maestro lo confirma con decir:

"El que en mí no estuviere, será echado fuera como mal pámpano, y se secará; y los cogen, y los echan en el fuego, y arden." (JN 15:6)

Para entender esto, necesitamos oír lo que dice Isaías profeta:

"Pues aun quedará en ella una décima parte, y volverá, bien que habrá sido asolada: como el olmo y como el alcornoque, de los cuales en la tala queda el tronco, así será el tronco de ella la simiente santa." (Isaías 6:13)

"Las reliquias se convertirán, las reliquias de Jacob, al Dios fuerte. Porque si tu pueblo, o Israel, fuere como las arenas de la mar, las reliquias de él se convertirán: la destrucción acordada rebosará justicia." (Isaías 10:21,22)

Nuestro Mesías es "la Vara" que había de brotar de la raíz de Jessé y los que en Él creerían serían y son el "renuevo."

"Y saldrá *una* vara del tronco de Jessé, y *un* renuevo retoñará de sus raíces." (Isaías 11:1)

El hachazo fue dado en la muerte y resurrección del Mesías y Él mismo fue el que como "el grano de trigo" cayó en tierra y murió para traer fruto o retoño en sí mismo. Lo que aconteció en aquel día no fue un nacimiento sino el retoño profetizado que surgió de entre el tronco que quedó después del hachazo. Fueron las primicias de las reliquias o el remanente de Israel quienes entraron en Mesías Yahshua, y Él en ellos, mediante el arrepentimiento y el bautismo en su nombre.

Treinta y siete años después, llegó el principio de la "destrucción acordada" que menciona el profeta y ambas casas de Israel se hallaron en diáspora incluyendo las reliquias. Israel llevaba ya más de 700 años en exilo cuando Judá fue expulsado de la tierra santa. Aunque las reliquias estaban en el Mesías, les fue necesario esperar y sufrir, especialmente al principio.

Esta tendría que esperar hasta el cumplimiento del castigo para ser restaurados juntamente con sus hermanos que habíamos de creer a través de las edades que han transcurrido y que aún transcurrirán hasta el cumplimiento del tiempo de la restauración. Por esto vino la pregunta de los discípulos en aquellos momentos antes de que el Mesías ascendiera ante sus ojos en una nube:

(Hechos 1:6,7)

"Entonces los que se habían juntado le preguntaron, diciendo: Señor, ¿restituirás el reino á Israel en este tiempo?
Y les dijo: No toca á vosotros saber los tiempos ó las sazones que el Padre puso en su sola potestad;"

Lo que actualmente sucedió en aquel día de "Pentecostés", si en verdad queremos verlo, fue una poda extrema para dejar solamente el tronco y que del tronco saliera un renuevo que diera fruto duradero en justicia. Israel y Judá son aquellos dos testigos quienes están siempre delante del Señor. Podrían haber sido testigos para testificar de lo hermoso que es servir al Todopoderoso pero por su necedad de imitar a los paganos, y servir a sus dioses que ni dioses son, son testigos de la justicia del Señor y de que su determinación es inmutable. Aún así, todos cuantos han venido al arrepentimiento desde aquel día señalado hasta hoy han sido aceptos al entrar por la puerta que es Cristo. Los demás han perecido porque así lo determinó el Soberano.

Gran temor y compunción de corazón debería acogernos al recordar las palabras santas que dicen: "No os engañéis a vosotros mismos, Dios no puede ser burlado. Todo lo que el hombre sembrare, eso también segará." (GAL 6:7) ¿Quién pues es la buena oliva? Es la nube de testigos que nos rodea. (HEB 12:1) Es la congregación celestial de santos quienes a través de las edades han servido al Señor con todo el corazón. (EFE 2:19)

Son aquellos espíritus de los justos hechos perfectos de quienes la palabra da testimonio que vencieron al mundo, al diablo, y aún a su propia carne por haber entregado su vida entera al Señor y haber dejado testimonio de que caminaron con Él. Es Yahshua HaMashiach el Rey, Personificación, Ejemplo Perfecto, y la Raíz de esa buena oliva.

(Hebreos 12:22-29)

"Mas os habéis llegado al monte de Sión, y á la ciudad del Dios vivo, Jerusalén la celestial, y á la compañía de muchos millares de ángeles,
Y á la congregación de los primogénitos que están alistados en los cielos, y á Dios el Juez de todos, y á los espíritus de los justos hechos perfectos, Y á Yahshua el Mediador del nuevo testamento, y á la sangre del esparcimiento que habla mejor que la de Abel.
Mirad que no desechéis al que habla. Porque si aquellos no escaparon que desecharon al que hablaba en la tierra, mucho menos nosotros, si desecháramos al que habla de los cielos. La voz del cual entonces conmovió la tierra; Mas ahora ha denunciado, diciendo: Aun una vez, y yo conmoveré no solamente la tierra, más aun el cielo. Y esta *expresión*: Aún, una vez más, indica la remoción de las cosas movibles, como las cosas creadas, a fin de que permanezcan las cosas que son inconmovibles. Así que, tomando el reino inmóvil, vamos á

Dios agradándole con temor y reverencia; Porque nuestro Dios es fuego consumidor."

Es esta nuestra verdadera lucha y carrera. No es la de crear grandes ministerios forjados al estilo de empresas. No es la de hacer más discípulos que otros. Tampoco es la de amontonar riquezas para no quedarnos atrás de los otros que amontonan de igual manera. Grandes y brillantes estrellas han caído al suelo después de haber logrado tener mucho más de lo que imaginaron poder lograr para solo hallar disolución en aquello que alcanzaron por no estar cimentados en la palabra de justicia.

Hemos sido llamados a participar de la grosura de la buena oliva y a ser alimentados de su Raíz. Amenos que veamos la importancia de serle fiel al escudriñamiento de la palabra de verdad, no progresaremos más allá de lo elemental si es que tenemos la dicha de entender aún eso. Para quienes no es importante escudriñar la palabra, claro se hace que solo buscan la manera de enmudecer su conciencia para que esta no les moleste.

El que escudriña los corazones y conoce los pensamiento más ocultos de la humanidad está probando el corazón de cada uno de los llamados porque, "muchos son los llamados, pero pocos los escogidos." Oye Israel, lo que dice el Espíritu:

(MAT 13:47-50)

"El reino de los cielos también es semejante a una red barredera que se echó en el mar, y recogió *peces* de toda clase; y cuando se llenó, la sacaron a la playa; y se sentaron y recogieron los *peces* buenos en canastas, pero echaron fuera los malos.
Así será en el fin del mundo; los ángeles saldrán, y sacarán a los malos de entre los justos, y los arrojarán en el horno de fuego; allí será el llanto y el crujir de dientes."

¿Valdrá la pena de tratar de servir a dos señores o cubrirnos con la religión? Dijo el apóstol Pedro al Señor Yahshua, "¿a quien iremos? ¡Si solo tu tienes palabras de vida!"

El apóstol Pablo, un hombre estudioso y galardonado con profunda revelación en los misterios de la fe, no se confió en su conocimiento ni se consideró algo más que los demás por tener mayor conocimiento. Antes siguió el ejemplo de su Maestro y sirvió a sus hermanos sin tomarlo por hecho que ya su lugar estaba seguro y esto le sirvió para no ser infructuoso en cuanto al evangelio. Dice:

(1 Cor 9:27)
"Sino que golpeo mi cuerpo y lo hago mi esclavo, no sea que habiendo predicado a otros, yo mismo sea descalificado."

Si hemos entrado al Reino de los Cielos por la puerta que es Cristo mediante el arrepentimiento, el bautismo en su nombre, y el sello de Su Espíritu Santo, nos hemos alistado para correr una carrera que requiere disciplina. En actualidad, esta carrera es una disciplina en si misma. Pues la palabra discípulo indica uno que se ha sometido a una disciplina. No permitamos que alguno nos engañe haciéndonos creer que esto es solo asunto de ir a la "iglesia" y "pagar" nuestros diezmos. Es asunto de un nuevo nacimiento en nosotros en el cual nace un amor profundo por nuestro Dios y por su palabra.

De entre ese amor que nos es dado viene aquella hambre por conocer los preceptos del Reino. Esto es buscar la justicia del Reino. Mientras aprendemos a entenderlos, nuestro entendimiento es transformado, y nuestra mente es trasladada de la oscuridad a la luz de un conocimiento sano. Por eso se nos dice:

(2Pe 1:19)

"Y *así* tenemos la palabra profética más segura, a la cual hacéis bien en prestar atención como a una lámpara que brilla en el lugar oscuro, hasta que el día despunte y el lucero de la mañana aparezca en vuestros corazones."

Todos los que han vencido anteriormente en esta carrera lo han hecho con estar atentos a la palabra del Señor hasta que esta les brindó un esclarecimiento mediante la aparición del lucero de la mañana en sus corazones. Si queremos vencer, tendremos que tomar en serio las palabras del Maestro al decir: "No solo de pan vivirá el hombre, sino de cada palabra que procede de la boca de YHWH."

Si hemos sido injertados en la buena oliva, su grosura producirá fruto en nosotros. Será fruto de pámpano que permanece en la vid verdadera y ese fruto será duradero. Solo así podremos sobreedificar sobre el fundamento de los apóstoles y profetas con oro, plata, y piedras preciosas. Esta es la buena oliva y somos llamados a producir su fruto como fieles ramas a fin de quedar cimentados en la historia como parte fructífera de esta misma. Bienaventurado el que oye y cede al llamamiento para empezar su carrera hacía la vida eterna.

Capítulo 8

La Apostasía y El Misterio de la Iniquidad

Al regresar y contemplar la parábola del trigo y la cizaña en Mateo 13, vemos el cuadro perfecto del crecimiento de aquella siembra hecha por el Mesías cuando sembró su propia vida por muerte para engendrar hijos siendo hecho el Espíritu Vivificante.

(1Co 15:45)

"Así también está escrito: Fue hecho el primer hombre Adán en ánima viviente; el postrer Adán en espíritu vivificante."

Él vino y predicó amor, justicia, verdad, y misericordia. Además, demostró el verdadero carácter de YHWH porque era

YHWH manifestado en carne. (1 TIM 3:16) Todo lo bueno sembró Él en este campo llamado el mundo y se fue de nuestra vista natural dejándonos su Espíritu en nuestros corazones para vivificarnos, ayudarnos, enseñarnos, identificarnos y separarnos para ser propiedad exclusiva de YHWH nuestro Dios; sus heredades. (1PED 5:3)

Todos los que han creído a través de las edades y cuyo fruto ha sido conforme a la simiente que Cristo sembró son planta y fruto de esa siembra santa. (JN 15:4-6) Todos los que han profesado ser de Cristo mientras cometían atrocidades contra la humanidad fueron y son impostores mentirosos e hijos del diablo.

Este mismo fue quien los sembró mientras los siervos del Señor dormían en la era del oscurantismo. (MAT 15:9,13)

Estos fueron quienes en el nombre que ellos dieron al Mesías, el cual surgió de su concupiscencia, persiguieron a todos los que no quisieron creer en sus doctrinas falsas y torcidas. (1TIM 4:1-3)

Estos se introdujeron desde los tiempos de los apóstoles (2TES 2:7) y fueron ganando terreno por agresividad, maquinación, y política después de que los apóstoles durmieron. Estos fueron los que lanzaron grandes cruzadas contra las gentes que vivían en la tierra santa para echarlos fuera por fuerza porque se consideraron dueños de lo que ellos pensaron que Israel había perdido.

Para que el Señor nos permita ver esto, es que el fin de lo falso no está muy lejano.

Por lo mismo, tampoco el establecimiento del Reino de YHWH debe tardarse ya. Pues la misma escritura en esta parábola nos dice que la siega es el fin del mundo.

Debemos comprender que no se refiere al planeta mundo sino al sistema mundial o mundo creado por el hombre bajo la dirección del maligno. Oigamos lo que dice el Espíritu:

(EFE 2:2)

"En que en otro tiempo anduvisteis conforme á la condición de este mundo, conforme al príncipe de la potestad del aire, el espíritu que ahora obra en los hijos de desobediencia:"

(JN 12:31)

"Ahora es el juicio de este mundo: ahora el príncipe de este mundo será echado fuera."

(JN 17:14)

"Yo les he dado tu palabra; y el mundo los aborreció, porque no son del mundo, como tampoco yo soy del mundo."

Como podemos ver por el último versículo citado, el planeta no puede aborrecer a nadie ya que es un objeto sin sentir humano.

El mundo que nos aborrece es la mentalidad colectiva de aquellos quienes suscriben a los preceptos del error, y cuyo príncipe es el padre de la mentira. Dice el Señor que el juicio de ese mundo o sistema mundial fue ejecutado desde hace dos mil años atrás y el príncipe de ese mundo va de salida.

Sabiendo pues que la verdad siempre vence a la mentira, aunque sea a largo plazo, entenderemos que por esta razón se nos dice, "conoceréis la verdad y la verdad os libertará." Esto trae a memoria las palabras del apóstol al decir:

(1Co 3:11-14)

"Porque nadie puede poner otro fundamento que el que está puesto, el cual es Yahshua el Cristo.

Y si alguno edificare sobre este fundamento oro, plata, piedras preciosas, madera, heno, hojarasca;
La obra de cada uno será manifestada: porque el día la declarará; porque por el fuego será manifestada; y la obra de cada uno cuál sea, el fuego hará la prueba.
Si permaneciere la obra de alguno que sobreedificó, recibirá recompensa."

Nosotros, como piedras vivas, venimos a ocupar nuestro respectivo lugar sobre el fundamento que es Yahshua el Mesías en el templo del Dios vivo. (1PED 2:5) Siendo Cristo la principal piedra angular, toda otra piedra es labrada por el Espíritu Santo hasta quedar en la imagen del Mesías. De esta manera, cada piedra colocada en el templo queda perfectamente posicionada ya que sus dimensiones y calidad de material han sido determinadas por el Arquitecto del universo. Es aquí donde surge la importancia de tomar sobre nosotros su yugo y aprender de Él. Haciendo esto, lo que nosotros edifiquemos sobre el fundamento será equivalente al oro, la plata, y piedras preciosas porque edificaremos conforme a su voluntad. Es bueno recordar que, "en vano trabajan los edificadores si YHWH no edificare la casa." Es la razón que el apóstol señala los últimos tres de seis materiales mencionados como combustibles.

He aquí lo que significa todo esto:

1. Los primeros tres materiales son incombustibles. Estos no arden. Estas son las añadiduras hechas al edificio con la verdad.
2. Los segundos tres materiales son combustibles o sea que arden. Estas son las añadiduras hechas al edificio usando filosofías humanas, doctrinas erróneas, y huecas sutilezas; que vienen siendo los falsos preceptos, el error, y la mentira. Estos son madera, heno, y hojarasca.
3. El "día" representa la luz de conocimiento que aumenta progresivamente a través de la era común. (PR 4:18)
4. El "fuego" representa la verdad que, como fuego, viene destruyendo todo lo que es

combustible o arde hasta llegar el edificio a su perfección. Es la purificación del templo.

Así que el fuego que es la verdad viene abrazando todo lo que se ha edificado sobre el fundamento de la fe sin ser verdad a como el día viene esclareciendo. La verdad es fuego consumidor porque nuestro Dios es la verdad personificada. "Yo soy el camino, la verdad, y la vida." Cada uno de los llamados a participar debe tener cuidado de no añadir falsedad a este fundamento porque tales añadiduras resultaran en pérdida. Sería tanto como haber trabajado "en vano."

Esto fue precisamente lo que hicieron aquellos ecuménicos antiguos quienes lograron usurpar el liderazgo de la fe solo para tornar lo que buscaron robarse en la imagen de su corrupto imperio terrestre.

Trataron de pervertirla añadiéndole sus doctrinas de demonios e introduciendo idolatría en completa oposición a la palabra santa. Estos fueron los verdaderos herejes en sus razonamientos en cuanto a la deidad y el nombre de nuestro Dios y Salvador.

Fue necesario que pasara un periodo de tiempo entre la muerte de los apóstoles y el establecimiento de la operación de error para cimentar un concepto de antisemitismo dentro de las congregaciones cristianas, y a como se desarrolló el concepto de la trinidad dentro del mundo eclesiástico, surgieron quienes se dieron a la creencia de que los Judíos deberían ser eliminados o por lo menos considerados inaceptables a menos que estos se "convirtieran" a la religión oficial del imperio que era el supuesto "cristianismo." Olvidaron las raíces de la fe y desecharon sus verdaderos preceptos y perdieron conocimiento de la verdadera configuración que el Autor y Consumador le dio a esta fe. Terminaron por crear una fe o sistema de creencia parecido al original en ciertas cosas, pero ajeno a los preceptos establecidos por el Señor. Así nació la operación de error a la cual se refiere el apóstol en su carta. (2TES 2:3-12)

En su nueva postura como lideres de esta nueva religión, los "gentiles" comenzaron a sentir la necesidad de extraer todo lo "judío" de entre lo que ellos ahora consideraron "su" religión. Llegaron a la conclusión de que los Judíos habían sido desechados para siempre y que la "iglesia" había tomado su lugar.

En doscientos cortos años se ocultó el sol de la verdad y entró la era del oscurantismo. De esta era dijo así el Señor:

> (JN 12:35) "Entonces Yahshua les dice: Aun por un poco estará la luz entre vosotros: Andad entre tanto que tenéis luz, porque no os sorprendan las tinieblas; porque el que anda en tinieblas, no sabe dónde va."

> (JN 9:4) "Conviéneme obrar las obras del que me envió, entre tanto que el día dura: La noche viene, cuando nadie puede obrar."

La luz es símbolo de la verdad y el sol representa plena iluminación. Por lo tanto, al ocultarse el sol, aparecen las tinieblas. Por esta causa dice el proverbio, "la vida del justo es como la luz de la aurora que va en aumento hasta que el día es perfecto." Esto significa que el justo crece en conocimiento de, y obediencia a, la verdad. La vida del hombre es un tiempo otorgado a este mismo para que aprenda a obedecer a su creador. Es así como el hombre encuentra la vida abundante y echa mano de la vida eterna.

Para entender la verdadera historia de la fe, nos es necesario comprender el significado de algunos términos claves. El primero de estos es <u>Apostasía.</u> Esta palabra quiere decir:

1. Deserción
2. Deslealtad
3. Perjurio
4. Blasfemia
5. Mentira

¿Qué fue lo que desertaron aquellos hombres equivocados sino la verdad? La hicieron un lado para apoderarse del liderazgo de la fe con mentiras y suposiciones.

En sus concilios ecuménicos torcieron las escrituras para establecer los conceptos de la trinidad, el celibato, la infalibilidad de su pontífice, la concepción inmaculada, la adoración de imágenes, y muchas otras herejías. Entre estas vienen las fiestas paganas celebradas bajo nombres de dioses paganos, en fechas dedicadas a estos mismos, y celebradas por los "cristianos" como fiestas del Señor en ignorancia.

En primer lugar, el preámbulo de nuestra fe es: "Oye Israel, YHWH Nuestro Dios, YHWH Uno Es." Jamás existió en Israel el concepto de que YHWH fuera una trinidad y quienes afirman esto lo hacen porque no han leído cuidadosamente lo que dice Isaías 9:6, mucho menos el resto de las Escrituras.

Están tan errados como los que se hicieron un becerro de oro en el desierto para adorarlo diciendo: "Israel, estos son tus dioses que te sacaron de Egipto."

Es la misma contumacia de entonces. Ellos vieron la mano fuerte del Todopoderoso sacarlos de Egipto y fueron testigos de todas sus obras pero no supieron poner su vista y su confianza en Él.

Para nosotros no hay excusa porque escrito está: "La luz vino al mundo y los hombres amaron más las tinieblas..." Recordemos de nuevo que la operación de error es enviada precisamente para cautivar a los que no recibieron el amor de la verdad. No importa cuantas vueltas le demos, la verdad ocupa lugar de suma exaltación en lugares celestiales, y por lo tanto, es elemento íntegro de nuestra fe.

Al apostatar o desertar la verdadera fe, aquellos inicuos se convirtieron en fuentes de agua contaminada. La mezcla de conceptos torcidos, idolatría, y política introducida en la fe por estos ha servido para ocultar la verdad y para manifestar a todo aquel que busca su propia gloria y no la que es del Señor. Los que suscriben a los conceptos de jerarquía y política dentro de sus organizaciones, creadas bajo diversos nombres o denominaciones, lo hacen en directa oposición a lo dicho por el Señor que entre nosotros no sería así.

> (MT 20:25-28) "Entonces Yahshua llamándolos, dijo: Sabéis que los príncipes de los Gentiles se enseñorean sobre ellos, y los que son grandes ejercen sobre ellos potestad. Mas entre vosotros no será así; sino el que quisiere entre vosotros hacerse grande, será vuestro servidor; Y el que quisiere entre vosotros ser el primero, será vuestro siervo: Como el Hijo del hombre no vino para ser servido, sino para servir, y para dar su vida en rescate por muchos."

Según lo dicho por el Maestro, es en servir que se alcanza la grandeza y el primado es logrado solo por el siervo más humilde y dispuesto a servir.

No es decir que el título de siervo tenga algún valor, sino el hecho de ser un siervo es lo que YHWH reconoce como grandeza. Entre más extenso sea nuestro servicio, más grandes seremos. El hecho de que se nos llame "el siervo del Señor" sale sobrando si el Señor mismo no nos da ese reconocimiento. A los hombres podremos engañar, pero al Señor jamás.

En su segunda carta a los Tesalonicenses, el apóstol nos informa de algo que había de venir al correr del tiempo. En el capítulo dos, nos declara que la venida del Señor y nuestro recogimiento a Él no acontecería sin que antes viniera la apostasía. Es decir que el apóstol sabía por el Espíritu que la verdad de la fe había de ser desertada o blasfemada. Sabía también cual sería el resultado y lo declara para nuestro entendimiento.

En la teoría errónea del rapto se expone un concepto que involucra esta parte de la segunda carta de Pablo a los Tesalonicenses. Específicamente el capítulo dos en el cual "el hombre de pecado, el hijo de perdición," según ellos, se refiere a un individuo que surge después de la desaparición misteriosa de "la iglesia."

Según dicho concepto, la apostasía aún no ha llegado. Es decir que, conforme al pensamiento de estos "maestros," lo sucedido en los pasados 19 siglos aconteció dentro de un vacío en cuanto al cumplimiento de las cosas. Ignoran que la doctrina de los apóstoles haya sido cambiada a favor de una forjada por los primeros ecuménicos.

Pero la carta del apóstol nos explica claramente que ya estaba obrando el "misterio de la iniquidad." ¿Y, que quiere decir esto? Que estaba un espíritu de error esperando hasta que fuera quitado de en medio el ministerio de los apóstoles quienes eran la autoridad definitiva para los creyentes. Eran los apóstoles, mediante sus cartas a las congregaciones y sus visitas a estas mismas, quienes aclaraban los conceptos y decidían sobre cuestiones de doctrina.

Los apóstoles, pudiendo discernir lo que había de venir mediante el Espíritu, exhortaron y amonestaron al pueblo de entonces a que vigilaran contra la apostasía. En Hechos 20:17, encontramos que el apóstol Pablo manda llamar a los ancianos del pueblo de Dios para exhortarlos en cuanto a este tema precisamente. Les dice:

(Hechos 20:28-31)

"Tened cuidado de vosotros y de toda la grey, en medio de la cual el Espíritu Santo os ha hecho obispos para pastorear la congregación de Dios, la cual Él compró con su propia sangre. Sé que después de mi partida, vendrán lobos feroces entre vosotros que no perdonarán el rebaño, y que de entre vosotros mismos se levantarán algunos hablando cosas perversas para arrastrar a los discípulos tras ellos. Por tanto, estad alertas, recordando que por tres años, de noche y de día, no cesé de amonestar a cada uno con lágrimas."

Es a esto mismo que se refiere en su segunda carta a los Tesalonicenses cuando habla del "misterio de iniquidad." Un misterio es algo encubierto o velado. Entonces, el "misterio de la iniquidad" era en esa época la falta de conocimiento acerca de cómo la iniquidad o lo incorrecto, lo torcido, o lo blasfemo afectaría la trayectoria de la fe verdadera. En su carta a los Gálatas, lucha precisamente contra el "misterio de la iniquidad."

Aquellos quienes buscaban convencer a los creyentes a circuncidarse en la carne lo hacían con el fin de arrastrar discípulos tras sí mismos. Estaban obrando conforme al misterio de la iniquidad por amor a establecer su propia gloria mientras desechaban la verdad. Es por eso que el apóstol se expresa tan fuertemente contra los que perturban a la congregación con sus enseñanzas erróneas.

El apóstol Juan hace mención de un hijo del misterio de la iniquidad en su tercera carta. Este, llamado Diótrefes, manifiesta la actitud de arrogancia que llevaría a los primeros ecuménicos a sentirse capaces de cambiar los preceptos de la fe a su gusto y así cumplir el desarrollo de la operación de error. Hasta este día, el misterio de la iniquidad sigue siendo un misterio para la mayor parte de los creyentes porque no conocen la palabra de su Dios como deberían. Se cumple la misma palabra al decir: "El pueblo perece por falta de conocimiento."

El apóstol Judas habla al corazón del asunto en su corta carta:

(Judas 1:3,4)

"Amados, por la gran solicitud que tenía de escribiros de la común salud, me ha sido necesario escribiros amonestándoos que contendáis eficazmente por la fe que ha sido una vez dada á los santos. Porque algunos hombres han entrado encubiertamente, los cuales desde antes habían estado ordenados para esta condenación, hombres impíos, convirtiendo la gracia de nuestro Dios en disolución, y negando á Dios que solo es el que tiene dominio, y á nuestro Señor Yahshua el Mesías."

El apóstol amonesta a los creyentes a que "contiendan" por "la" fe dada "una" vez a los santos. Esto concuerda con Efesios 4:5 que dice: "Un Señor, una fe, un bautismo." En primer lugar, solo se contiende contra oposición. Si la fe no estaba siendo opuesta en su forma pura, entonces por demás sería que contendieran.

Pero no lo deja ahí. Nos explica la razón por la cual hay que contender. Dice que se han introducido hombres inicuos entre el pueblo enseñando perversidades como si fueran la verdad. Dice el apóstol que estos fueron "ordenados" a esta condenación. Con toda razón dice el Apóstol Jacobo (Santiago) que no debemos hacernos maestros a nosotros mismos. Es el misterio de la iniquidad el fundamento de la operación de error y el espíritu que motiva a todos los que buscan su propia gloria y no el bien del rebaño del Señor. La operación de error produce competencia entre los creyentes y eso los hace entrar en conflicto los unos con los otros. A esto se refería el Maestro cuando dijo, "unos a otros se aborrecerán." Una vez establecida, la operación de error persiguió a todos los que se opusieron a sus dictámenes o declaraciones de fe. Durante los primeros mil años, alcanzó gran opulencia como la religión oficial del imperio Bizantino. Este mismo fue fundado por el emperador Constantino.

Conforme a la historia, Constantino se convirtió después de tener una visión en la cual se le mostró una cruz y se le dijo, "en este signo vencerás." Esto supuestamente le sucedió la noche antes de entrar en combate con su adversario quien buscaba ser emperador. Después de pintarle cruces a los escudos de su ejército, entró en combate y derrotó a su enemigo. Desde ahí se convirtió e hizo el cristianismo la religión oficial del imperio Romano. Como resultado surgió disensión entre las diferentes sectas que se habían formado para estas alturas y Constantino proclamó una convocación ecuménica en el año 325 de la era común. La convocación, llamada "el primer concilio ecuménico," se llevó acabo en Nicea, un pueblo en el Asia Menor.

El título de la convocación viene de la palabra Griega, Oikumene, que significa "de todo el mundo." Es decir que la convocación fue para que todos los creyentes del mundo llegaran a un acuerdo sobre los preceptos de la fe que ahí serían acordados. Estos "dictámenes" serían reconocidos por los creyentes o los creyentes serían considerados herejes y ajenos a la religión "cristiana." Fue en este concilio donde se llegó al acuerdo de que Dios era una trinidad y consecuentemente fueron cambiados el proceso y la invocación del bautismo. En los consiguientes concilios ecuménicos ---21 por total--- establecieron las doctrinas que llegaron a formar la operación de error. Introdujeron la adoración de imágenes ---llamándoles "santos"--- y se volvió una mezcla de concupiscencias. Tomaron estatuas paganas y les dieron nombres "cristianos" y adoptaron los días festivos del paganismo para celebrar, según ellos, la resurrección y el nacimiento de Cristo; a quien relegaron a una posición inaccesible para colocar a "la virgen" como intercesora ante un cristo duro y desinteresado conforme a los inventos de su pervertida imaginación.

Al descubrimiento de esta nueva religión, y su conversión a ella, Constantino decidió mudar su silla imperial a la ciudad que ahora conocemos como Estambul. En ese entonces se conocía como Bizancio. Constantino le cambió el nombre a Constantinopla.

Al mudar su trono y centro gubernamental fuera de Roma, causó cierta disconformidad porque los obispos de Roma contendían que Roma era el sitio donde el primado había pasado del apóstol Pedro al obispo mayor de esa ciudad. Entonces, en su lógica, el obispo de Roma era el sucesor del apóstol y el "jefe" de los "cristianos." Surgió de ahí una rotura entre los obispos de Roma y los de Constantinopla que produjo enemistad a tal grado que llegaron a entregarse cartas de excomunicación los unos a los otros y se dividieron. Fue así como se formaron la Iglesia Griega Ortodoxa y La Iglesia Católica Romana.

Antes de que sucediera lo que ha venido ser conocida como "La Gran Cisma," Constantinopla era el centro de religión para el imperio Romano y por mil cien años reinó en opulencia sobre las almas de los sujetos del imperio.

Antes de la división, se hace claro que había envidia y toda suerte de maldad, pero después de la división, hubo calumnias, intriga, y todo el mal que se pudieron hacer los unos contra los otros. Después de haber existido 1,100 años, la perversión en el imperio Bizantino destruyó su potencia y el imperio decayó hasta quedar en la nada. Lo único que quedó de aquel imperio fue la Iglesia Griega Ortodoxa. Vinieron hombres avaros apoyados por la autoridad eclesiástica en Roma con indulgencias para atacar y saquear la ciudad y llevarse lo que quisieran con tal que dieran su parte a quienes les habían otorgado dichas indulgencias.

Ahí empezó el verdadero tiempo de la autoridad eclesiástica de Roma, y aunque trató de consolidar su poder, se halló enfrontada al poco tiempo con la Gran Reformación. En su lucha contra los reformadores, persiguieron a todos los que lucharon por enderezarle sus torceduras. A los traductores de la Biblia quemó y envió grandes cruzadas para tratar de eliminar a los "protestantes." Buscó acallar la voz de la Gran Reformación que amenazaba con exponerle sus mentiras y su perversidad. Por lo tanto, hizo todo lo posible para destruir a todos los que no se asentaran a sus doctrinas de demonios.

Habiendo llegado el tiempo en que hubo libertad de religión por haberse establecido el país estadounidense en América del Norte, fue por demás el seguir su trayectoria de persecución y la gran ramera optó por "esconder las garras."

Sin embargo, en los países donde ha tenido oportunidad de utilizar la ignorancia de la gente para sus propios fines, los ha incitado contra aquellos quienes predican la salvación porque nunca ha dejado de aborrecer a los que ella sabe son los verdaderos hijos del reino.

He aquí el producto del misterio de la iniquidad --- es la operación de error. Pero, la pregunta valida en este instante es, ¿Y esto, como nos afecta a nosotros hoy?

Capítulo 9

Salid de Ella Pueblo Mío

Dice la Escritura: "Me buscaras y me hallaras; cuando me buscares de todo tu corazón." (JER 29:13) Y: "Dame hijo mío tu corazón; y miren tus ojos por mis caminos." (PROV 23:26)

Las palabras fueron dichas a Israel cuando nuestro pueblo cometía el gran error de no tomar las instrucciones de nuestro Dios en serio. Divagando siempre en su corazón, pensaban que nunca vendría el juicio del Señor por su idolatría y su fornicación. Emocionados con las costumbres de los Gentiles, se olvidaron de su Dios y se echaron en cima la ira del Todopoderoso. Atraídos por la sofisticada opulencia de los arrogantes Asirios y Babilonios, nuestro pueblo se volvió una ramera coqueta para seducirlos y ser por ellos seducida. El placer de sentirse a lo que Israel percibió como altura de aquellos Gentiles lo llevó a desear ser como ellos más que el ser pueblo de Dios.

Aunque con palabras como las de los versículos citados les habló, ellos no quisieron oír ni entender. Pero el plan de YHWH ha estado en marcha desde antes de la fundación del mundo. Porque todos sus juicios son perfectos y sus obras sin equivocación, ha determinado un tiempo para que todo aquel humano que sea sincero con Él halle el camino a la vida eterna. Es aquí donde hallamos la respuesta a nuestra pregunta, ¿Cómo nos afecta esto a nosotros?

Entramos a este mundo en una época de decisión. Ya la operación de error está completamente formada y operando para engañar a los que solo busquen silenciar su conciencia. Estos se conforman con ir a la casa de congregación y sentirse que han "pagado" su cuota con eso.

A estos, no les digas nada de estudio bíblico porque te confiesan que no pueden leer la Biblia sin que les dé sueño. Su verdadero interés está en la telenovela, el fútbol, las carreras de carros, el cine, y cuantas otras cosas. Para lo único que no tienen tiempo es para la Biblia. Creen que ir a congregarse es ir a encontrarse con Dios para recibir un "toque" de Él mediante la música ungida que los hace sentirse más cerca de Él.

Por esto algunos de estos mismos se enredan en la pornografía, el adulterio, la avaricia, el chisme, y cuanta otra cosa abominable. No entienden que la relación con el Señor es 24 horas al día y 365 días al año.

Mucho menos entienden el gozo que hay en tener una relación perpetua con el Creador del cielo y la tierra. Se pierden la bendición de aprender lo que significa, "recibiréis poder." Jamás comprenderán que su postura es la misma a la cual nuestro pueblo se aferraba en su holganza de sentirse "hijos de Abraham." Por eso es que Juan el Bautisador los reprende. (MAT 3:9)

Iban al templo, pagaban diezmos, daban ofrendas, y observaban ritos, días de fiesta, y lunas nuevas. Pero ignoraban el significado de todo ello porque su corazón no estaba ahí. Mientras ellos pasaban el tiempo ocupados en diversos asuntos, a los cuales daban prioridad sobre su relación con el Señor, ignoraban su verdadero propósito y se fortificaban en el pensamiento que, "somos hijos de Abraham y las bendiciones de él son nuestras.

Dios no puede mentir ni retraer su palabra y solo hay que ir a sacrificar al templo y tenemos nuestro bienestar asegurado"

Por eso mismo aborrecían a los profetas quienes les hablaban verdad. Estos les molestaban su sentir de seguridad y les infundían temor; pero lejos de arrepentirse, escogían silenciar la verdad con matar a quienes YHWH les enviaba en su misericordia.

Por eso exclamó el Señor Yahshua:

(MAT 23:37)
"¡Jerusalén, Jerusalén, que matas á los profetas, y apedreas á los que son enviados á ti! ¡Cuántas veces quise juntar tus

hijos, como la gallina junta sus pollos debajo de las alas, y no quisiste!"

Dios en su gran amor por su pueblo buscaba, como hoy, una relación intima y que su pueblo lo viera como el perfecto y benigno Padre que Él es. Buscaba y busca adoradores que lo coloquen a Él sobre el trono de sus vidas y crean su palabra con todo el corazón. Busca a un pueblo que dice, "Primeramente YHWH veraz y todo hombre mentiroso." Este pueblo llegará a su perfección y se manifestará cuando llegue el cumplimiento del tiempo.

Entonces será el lloro y el crujir de dientes de aquellos quienes se dejaron engañar por las teorías y filosofías erróneas por no buscar más de cercas al Señor para que Él les revelara su plan verdadero.

"El temor a YHWH es el principio de la sabiduría" y ese temor santo nos lleva a buscar un conocimiento sano de su palabra. Si menospreciamos este periodo de gracia en el cual hemos sido presentados con la oportunidad de mostrar por nuestras obras que creemos al Señor su palabra, y no atendemos más cuidadosamente de oírlo a Él con escudriñar esta misma, ¿Cómo escaparemos caer en la misma condenación de aquellos antiguos quienes no supieron apreciar el hecho de ser pueblo santo de Dios?

La segunda carta del apóstol a los Tesalonicenses nos dice que la apostasía produce un cierto tipo o carácter de hombre a quien él llama, "el hombre de pecado."

En la teoría errónea del "rapto," este título se lo atribuyen a un dictador que debe aparecer, según ellos, durante el periodo llamado la gran tribulación. ¡No dudemos por un instante que la gran tribulación viene! Es más, ya estamos viendo lo que se nos dijo por el Maestro que acontecería. (MAT 24:8) Los "dolores" se intensifican más en cada vez. Mira a tu alrededor y cuenta los desastres, las guerras, la pestilencia, y la maldad que tienen al mundo paralizado sin saber a donde correr, y dime, ¿que debemos llamarle a esto?

Para entender lo que acontece, es preciso recordar que la apostasía empezó hace casi 19 siglos atrás y produjo charlatanes quienes solo sirvieron para dar una inicua representación del reino de los cielos. Estos hicieron lo que quisieron durante el largo periodo de tiempo en el cual tuvieron la potestad en sus manos.

Oprimieron a las masas, blasfemaron contra todo lo santo, e inventaron métodos y manías para abastecer su avaricia usando a Cristo como parapeto para hacer lo que les plació. Ocultaron la verdad con prohibirle a la gente común que tuviera acceso a la palabra de Dios. Estos fueron y son el "hombre de pecado" quien se había de manifestar. Oigamos lo interesante que es lo que el apóstol Juan nos dice en su primera carta:

(1JN 2:18)
"Hijitos, es la última hora, y así como oísteis que el anticristo viene, también ahora han surgido muchos anticristos; por eso sabemos que es la última hora."

En su terquedad de creer una teoría falsa, los proponentes del rapto ignoran el significado de esta porción de la Escritura. Según ellos, estos anticristos son prototipos de aquel que ha de venir después de la desaparición de "la iglesia."

Ahora, conforme al definido de la palabra <u>anticristo,</u> es el titulo de uno que se opone a Cristo. Pero si eso fuero el todo de ahí, se tendría que llegar a la conclusión; Que los lideres quienes entregaron a Cristo a ser crucificado eran anticristos. Pero Juan habla de que oímos que el anticristo había de venir. Eso indica que habla de más que un simple oponente de Cristo. Indica que esto tiene que ver con alguien dentro del pueblo que estorba al propósito de Cristo y a la voluntad de Dios para su pueblo. Pongámoslo a prueba. Oíd lo que dice enseguida:

(1JN 2:19)
"Salieron de nosotros, mas no eran de nosotros; porque si fueran de nosotros, hubieran cierto permanecido con nosotros; pero salieron para que se manifestase que todos no son de nosotros."

Entonces, el anticristo no es solo un personaje quien se levanta de entre el mundo para oponerse a Cristo, sino el tipo de creyente a quien también Pablo se refiere en su segunda carta a Timoteo:

(2TIM 3:1-9)
"Quiero que sepas también esto, que en los postreros días vendrán tiempos peligrosos: Que habrá hombres amadores de sí mismos, avaros, vanagloriosos, soberbios, detractores, desobedientes á los padres, ingratos, sin santidad, Sin afecto, desleales, calumniadores, destemplados, crueles, aborrecedores de lo bueno, Traidores, arrebatados, hinchados, amadores de los deleites más que de Dios; **Teniendo apariencia de piedad, mas habiendo negado la eficacia de ella**: y á

éstos evita. Porque de éstos son los que se entran por las casas, y llevan cautivas las mujercillas cargadas de pecados, llevadas de diversas concupiscencias; Que siempre aprenden, y nunca pueden acabar de llegar al conocimiento de la verdad. Y de la manera que Jannes y Jambres resistieron á Moisés, <u>así también estos resisten á la verdad; hombres corruptos de entendimiento, réprobos acerca de la fe.</u> Mas no prevalecerán; porque su insensatez será manifiesta á todos, como también lo fue la de aquellos."

El apóstol Pablo hace claro que habla de los postreros días y el apóstol Juan dice que "son los postreros días." Describe Pablo al "hombre de pecado" como un personaje de carácter que aparenta ser piadoso pero niega el poder de Dios para cambiar a la persona y alejarla del pecado porque es ajeno a la verdad. Esto describe perfectamente a los usurpadores quienes formaron la operación de error mediante el misterio de la iniquidad. Este es el <u>anticristo</u> que había de venir. "Oponiéndose y levantándose contra todo lo que se llama Dios, o que se adora; tanto que se asienta en el templo de Dios, como Dios, haciéndose parecer Dios."

¿Quién se asentó en el templo de Dios y se proclamó ser el "vicario" de Cristo quien es Dios? ¿Quién se levantó contra la verdad de Dios escrita en su palabra y cambió lo que le plació a su gusto para prostituirse con los reyes de la tierra? ¿Quién ha participado de una manera u otra en los mayores conflictos de este mundo? Es la operación de error; y sus aguas contaminadas han causado, y aún causaran, la muerte eterna de muchos por no saber estos respetar la verdad del Todopoderoso debidamente.

Somos llamados a salir de en medio de ella para no sufrir sus plagas porque se acerca el tiempo de su retribución. Su caída se acerca y todo el que en ella sea hallado se perderá para siempre. Por eso se le llama al hombre de pecado, "el hijo de perdición." Significa que está destinado a perderse eternamente y solo el que no entiende la soberanía de Dios no tiembla al pensar en que "solo por la misericordia de YHWH es que no hemos sido consumidos."

Sabiendo pues que hay que limpiarnos de las impurezas que la operación de error introdujo en la fe, con las cuales ha logrado engañar y matar a muchos; apercibámonos de la verdad para despojarnos de lo que contamina nuestra creencia. Dijo el profeta Daniel, "Los entendidos entenderán." (DAN

12:10) Seamos entendidos y salgamos de entre los preceptos erróneos para creer y vivir la verdad. Si la esperanza que tu abrazas está basada en lo que otros te han dicho, o si no estas seguro o segura de cual sea tu esperanza porque no tienes un firme concepto del plan de Dios para su pueblo, te recomiendo que hables con Él porque solo Él te puede sacar avante y darte el entendimiento que te traerá firmeza en tus convicciones. Dijo el Maestro: "Escudriñad las Escrituras, porque en ellas os parece que tenéis la vida eterna; y ellas son las que dan testimonio de mí." (JN 5:39)

Capítulo 10

Resuene El Shofar En Sión

El toque de despertamiento está por resonar y despertará a los verdaderos herederos del reino quienes no se detendrán a creer fábulas y filosofías humanas. Israel despertará con hambre y sed de justicia, pero no la justicia del mundo y su concupiscencia, sino la que viene de lo alto. Lo hueco de las doctrinas erróneas no le brindará satisfacción. No le saciará nada menos que una relación intima con su Dios y un pleno conocimiento de su palabra en verdad. Hablará una misma cosa en todas sus congregaciones y su fortaleza será en creer al Señor solo lo que Él dice.

Hace más de siglo que empezó la lluvia tardía y esta traerá el florecimiento de la cosecha del Señor YHWH. Producirá su fruto la simiente que Él sembró hace tantos años en esperanza. Porque la esperanza no es algo que se desea sin fundamento o razón, sino algo que se espera porque existe la seguridad de que ha de venir.

Tal es la esperanza que tienen los hijos de Dios que han creído lo que su Padre ha escrito. Estos entienden lo que significa, "Yo soy Alpha y Omega, Principio y Fin, el Primero y el Postrero." Para estos, nunca está oscuro porque tienen la luz de la vida en sí. Vienen días en que serán abandonadas las doctrinas denominativas por aquellos quienes lleguen a entender quienes son verdaderamente y buscarán a sus hermanos.

No los buscaran para ser servidos, sino para servirles. Por el refrigerio espiritual que vendrá de lo alto en la lluvia tardía, el entendimiento de aquellos quienes aman a su Dios más que a todo verá la restauración del reino a Israel. Sabiendo quienes son, sabrán apreciar el valor de su primogenitura y guardarán celosamente su lugar en santidad de corazón.

Estos no buscarán ascender a puestos de jefatura ni a posiciones de rango alto. Menospreciarán la política y demás maquinaciones que los impíos introdujeron y volverá a ser como al principio cuando tenían las cosas en común porque abundantemente serán abastecidos por Aquel que nunca falta a su palabra.

Por fin entrará Israel en el reposo de su Dios y hallará descanso en hacer la voluntad de Él continuamente. Viene el tiempo en que toda la casa de Israel reconocerá su pecado y se tornarán a YHWH de todo su corazón.

Se acabarán envidias y rencores. Fluirá abundantemente el perdón y este removerá el obstáculo que impide ahora al pleno conocimiento. ¿Quieres confirmación?

(OS 5:14,15)

"Porque yo seré como león á Efraín, y como cachorro de león á la casa de Judá: yo, yo arrebataré, y andaré; tomaré, y no habrá quien liberte.
Andaré, y tornaré á mi lugar hasta que conozcan su pecado, y busquen mi rostro. En su angustia madrugarán á mi."

Viene el cumplimiento del tiempo en el cual Israel y Judá llegarán a un pleno conocimiento de quienes son y por que causa vinieron los quebrantos y el castigo de tanto siglo. Entenderán la necesidad de ser santos como su Señor y jamás olvidarán lo que cuesta el no reconocer la majestad de su Dios y la veracidad de su palabra.

(OS 1:11)

"Y los hijos de Judá y de Israel serán congregados en uno, y levantarán para sí una cabeza, y subirán de la tierra: porque el día de Jezreel será grande."

Esta es la generación de creyentes de la cual dijo el Maestro: "Ni las puertas del infierno prevalecerán contra esta asamblea de santos." La unidad de la fe se acerca y el pueblo del Señor será uno en fe y en conocimiento. Es así como se cumplirá lo dicho por el apóstol Pablo en su carta a los romanos:

(ROM 11:25)

"Porque no quiero, hermanos, que ignoréis este misterio, para que no seáis acerca de vosotros mismos arrogantes: que el endurecimiento en parte ha acontecido en Israel, hasta que haya entrado **la plenitud de los Gentiles**; Y luego todo Israel será salvo; como está escrito: Vendrá de Sión el Libertador, Que quitará de Jacob la impiedad."

La Plenitud de los Gentiles no se refiere a un número de personas, sino a la simiente de Efraín; a Israel quien fue dispersado en Asiría y quien para estas alturas se ha multiplicado ya por 2700 años entre las naciones. El cumplimiento del castigo ha llegado y estamos por reconocer el error de nuestro pueblo y el pecado que nos alejó de nuestra tierra y de nuestro Padre en ambas casas.

En Judá veremos lo inicuos que fuimos en no aprender del juicio pronunciado contra Israel y los entendidos entre nosotros caerán sobre sus rostros al reconocer que todo lo que sufrimos a través de los siglos fue por nuestra misma contumacia. Nos arrepentiremos y lamentaremos grandemente por no haber sabido honrar al que vive para siempre y cuyo nombre es bendito por los siglos.

Sentiremos la angustia de haber sido inconstantes con nuestro Dios misericordioso, quien aunque tenía y tiene el poder y el derecho de destruirnos como a Sodoma y Gomorrah, eligió corregirnos de tal manera para que aprendiéramos a obedecerle. ¿Y por que causa no habríamos de recibir su castigo y darle gracias por su corrección? ¡Si todos sus juicios son rectos y justos y obedecerle es vida y paz!

(ISA 40:1,2)

"CONSOLAOS, consolaos, pueblo mío, dice vuestro Dios. Hablad al corazón de Jerusalén: **decidle á voces que su tiempo es ya cumplido, que su pecado es perdonado**; que doble ha recibido de la mano de YHWH por todos sus pecados."

¿Quién es esta Jerusalén a la cual el Señor se refiere? Oigamos lo que nos dice el Señor en su palabra:

(GAL 4:25-31)

"Ahora bien, Agar es el monte Sinaí en Arabia, y corresponde a la Jerusalén actual, porque ella está en esclavitud con sus hijos. Pero la Jerusalén de arriba es libre; ésta es nuestra madre. Porque escrito está: REGOCIJATE, OH ESTERIL, LA QUE NO CONCIBES; PRORRUMPE Y CLAMA, TU QUE NO TIENES DOLORES DE PARTO, PORQUE MÁS SON LOS HIJOS DE LA DESOLADA, QUE DE LA QUE TIENE MARIDO. Y vosotros, hermanos, como Isaac, sois hijos de la promesa. Pero así como entonces el que nació según la carne persiguió al que *nació* según el Espíritu, así también *sucede* ahora. Pero, ¿qué dice la Escritura? ECHA FUERA A LA SIERVA Y A SU HIJO, PUES EL HIJO DE LA SIERVA NO SERÁ HEREDERO CON EL HIJO DE LA LIBRE. Así que, hermanos, no somos hijos de la sierva, sino de la libre."

(HEB 12:22-24)

"Vosotros, en cambio, os habéis acercado al monte Sión y a la ciudad del Dios vivo, la Jerusalén celestial, y a miríadas de ángeles, a la asamblea general y congregación de los primogénitos que están inscritos en los cielos, y a YHWH, el Juez de todos, y a los espíritus de los justos hechos *ya* perfectos, y a Yahshua, el mediador del nuevo pacto, y a la sangre rociada que habla mejor que *la sangre* de Abel."

Según las Escrituras, somos hijos de Jerusalén la celestial. Es decir; que hemos llegado a la ciudad celestial compuesta de aquellos quienes ya pasaron a la región espiritual y ahora son espíritus de justos hechos perfectos quienes nos rodean. (HEB 12:1) Y no solo estos, sino que nos hemos acercado a millares de ángeles y a YHWH el juez de todos.

Aunque somos hijos de promesa (muchos tristemente no saben los detalles de esa promesa ni están seguros si pertenecen o no) el plan de nuestro Dios requiere que cada uno de sus hijos pase por esta disciplina para limpiarnos y corregirnos de tal manera que aprendamos a obedecerle.

El Israel de YHWH ya existe, pero no en la dimensión terrestre. En su misericordia, El Eterno nos ha proveído la oportunidad de, como dice Juan el apóstol, "ser hechos hijos de Dios." (JN 1:12) porque le recibimos conforme a su palabra. Somos hijos y estamos siendo perfeccionados mediante la obra de su Santo Espíritu.

Por eso dijo el Maestro: "El que <u>quiera</u> ser mi discípulo." Para llegar a ser hijo hay que pasar por la disciplina de nuestro Padre y esto requiere entregarnos en cuerpo y alma a Él. Es a esto a lo que se refería el apóstol Pablo al decir: "Yo mismo no pretendo haberlo alcanzado." Es que sabía que solo el Señor tiene el derecho de determinar cuando la obra está completa en uno de sus hijos. ¡Pero de que somos hijos, lo somos ya!

Entonces, queda claro que aquellos quienes hemos creído como dicen las escrituras hemos entrado a Jerusalén la celestial por la puerta que es Yahshua nuestro Mesías quien dijo: "Yo soy el camino, la verdad, y la vida. Nadie viene al Padre sino por Mí." (JN 14:6)

Desde un principio, la obediencia a su palabra es esencial. Pensémoslo así: Está principiando una competencia atlética y viendo a los demás que corren en el estadio, descendemos de las sillas y empezamos a correr sin habernos alistado con el juez para correr. Venimos a ser un estorbo y sufriremos la vergüenza de oír al juez decirnos, "¿Y usted, de donde salió y porque corre? ¡Salgase de aquí!"

Cuando el Maestro habla de no rechazar a nadie dice así: "...todo lo que el Padre me da...de ninguna manera le echo fuera." (JN 6:37) El Padre es quien ungió a los escritores de la Biblia que contiene nuestra fe. En ella, el Maestro nos dice: "El que cree en mí <u>como dice la Escritura</u>..." (JN 7:38) Si hemos creído en Cristo conforme a la verdad de la Escritura, jamás seremos rechazados. Es sumamente importante entender que si hay un sector en la vida en el cual nos es necesario ser exactos, es en el que concierne a nuestra relación con el Creador del universo. Si deseamos ser salvos, tendremos que obedecer su palabra porque esta nos dice exactamente como lograrlo. El amor de nuestro Dios para con nosotros es tan grande que nos ha dado una senda exacta para llegar a la vida eterna. El no buscar entenderla sería tanto como menospreciar su amor y esta salvación tan grande.

Al tratar de hacerlo de cualesquier otra manera, seremos hallados en la misma condición que el "amigo" de la siguiente parábola que el Maestro contó:

(MAT 22:10-14)

"Y saliendo los siervos por los caminos, juntaron á todos los que hallaron, juntamente malos y buenos: y las bodas fueron llenas de convidados. Y entró el rey para ver los convidados, y vio allí un hombre no vestido de boda. Y le dijo: Amigo, ¿cómo entraste aquí no teniendo vestido de boda? Más él cerró la boca.
Entonces el rey dijo á los que servían: Atado de pies y de manos tomadle, y echadle en las tinieblas de afuera: allí será el lloro y el crujir de dientes. Porque muchos son llamados, y pocos escogidos."

Se hace claro que el vestuario de aquel amigo no era adecuado para asistir a la boda. Pero, ¿cómo concuerda esto con lo que estamos buscando entender? Dejemos que la Escritura nos lo explique.

(GAL 3:27)

"Porque todos los que habéis sido bautizados en Cristo, de Cristo estáis vestidos."

(JN 3:5)

"Respondió Yahshua: De cierto, de cierto te digo, que el que no naciere de agua y del Espíritu, no puede entrar en el reino de Dios."

(ROM 6:3-8)

"¿O no sabéis que todos los que somos bautizados en Mesías Yahshua, somos bautizados en su muerte? Porque somos sepultados juntamente con él á muerte por el bautismo; para que como Cristo resucitó de los muertos por la gloria del Padre, así también nosotros andemos en novedad de vida. Porque si fuimos plantados juntamente en él á la semejanza de su muerte, así también lo seremos á la de su resurrección: Sabiendo esto, que nuestro viejo hombre juntamente fue crucificado con él, para que el cuerpo del pecado sea deshecho, á fin de que no sirvamos más al pecado."

Creo que queda explícitamente claro que el vestuario del creyente es Cristo. Sin ese vestuario llegaremos a las Bodas del Cordero sin vestido de boda. Si lo pensamos cuidadosamente, veremos que la Ecclesia o congregación de los santos debe ir a la boda vestida con vestido sin mancha y sin arruga.

(EFE 5:27)

"Para presentársela gloriosa para sí, una Ecclesia que no tuviese mancha ni arruga, ni cosa semejante; Sino que fuese santa y sin mancha."

La asamblea de los santos entera estará vestida de boda y aparejada para su unión con su marido. Todo lo concerniente a la redención, la esperanza, y el porvenir del pueblo de Dios está en la palabra de Dios y solo el Espíritu de Verdad nos puede dar la clave para entender estas cosas.

Que diferente el mensaje de salvación que nos presenta la Escritura cuando la entendemos debidamente por la misericordia de nuestro Dios. La fe no es un amuleto mágico para usarse como seguro contra el día de la muerte y el juicio. Es poder para salvación e instrucción para una vida abundante como también la Escritura lo dice.

Esto nos lleva de nuevo al punto de arranque donde oímos a Shimon Kefa (Pedro) decir: "Arrepentíos y bautícese cada uno de vosotros en el nombre de Yahshua HaMashiach para el perdón de pecados; y recibiréis el don del Espíritu Santo." (Hechos 2:38)

Esto lo confirma la Escritura en sí misma diciendo: "Porque no hay otro nombre debajo del cielo, dado a los hombres, en el cual podamos ser salvos." (Hechos 4:12)

La clave para entender lo que nos presenta la palabra en vianda firme, es comprender correctamente los primeros rudimentos de la fe. Si lo primero se malentiende, todo lo consiguiente siempre será un enigma para quienes traten de descifrar el código de este sistema de creencia porque solo su Autor y Consumador nos lo puede interpretar con exactitud.

Aunque no estemos ya presentes en esta dimensión cuando suceda, lo proclamado por el Altísimo tiene que llegar a ser. Su palabra no tiene falla ni equivocación. Las dos casas de Israel llegarán, al momento determinado, a un firme arrepentimiento de no haber sido lo que YHWH los escogió para que fueran por la dureza de su corazón. Ahí se postrarán ante el Todopoderoso y llorarán como niños inconsolables por no haber entendido.

Entonces responderá su Hacedor y los librará de su pasado abriéndoles puerta para que entren a las Bodas del Cordero. Las vírgenes fatuas, habiendo menospreciado la necesidad de llenar sus lámparas de aceite llegarán tarde a las bodas y quedarán afuera.

¡O! ¡Si pudiéramos solo entender lo que significan esas bodas! Entonces entenderíamos por que razón habrá lloro y crujir de dientes afuera mientras los entendidos gozan una perfecta unión con el Espíritu de Verdad. Viene lo perfecto y lo que es en parte se acabará. Viene gran bonanza para el pueblo de Dios que supo entregar su corazón entero y sin reservación se abandonó en una relación íntima con su Señor. ¿Dónde hay mejor o mayor gozo que el de estar en paz con YHWH el Rey del universo? No hay cosa creada que llene el vacío del corazón porque ese vacío es específicamente a la medida de nuestro Creador en nosotros.

¡Alabado seas o YHWH nuestro Majestuoso y Soberano Padre! Eres el Primero y el Postrero y toda esta salvación proviene de Ti solamente. Gracias por Tu sangre que vertió el Cordero con la cual compraste la redención de tu pueblo. Sea Tu nombre por siempre exaltado y teman y tiemblen los términos de la tierra por Tu Majestad. En Tus manos encomiendo esta obra. Amen

Baruch HaShem YHWH
Bendito Sea EL Nombre de YHWH

Ydidyh Ben Yisrael

www.ingramcontent.com/pod-product-compliance
Lightning Source LLC
Chambersburg PA
CBHW061441040426
42450CB00007B/1160